MW01222369

SWAMI SRI YUKTESWAR

ज्ञानावतार स्वामी श्रीयुक्तेश्वरेण प्रणीतम्

कैवल्यदर्शनम्

Kaivalya Darsanam

LA SCIENCE SACRÉE

par le Jnanavatar
Swami Sri Yukteswar Giri

Self-Realization Fellowship
FOUNDED 1920
Paramahansa Yogananda

Autorisé par le Conseil international des
Publications de la Self-Realization Fellowship

Library of Congress Catalog Card Number: 78–51762
ISBN 0–87612–054–0
Imprimé aux États-Unis d'Amérique
10850–54321

AVANT-PROPOS

Les prophètes de tous les pays et de toutes les religions ont réussi dans leur recherche de Dieu, parce qu'ils sont entrés dans l'état de la véritable illumination, le *nirbikalpa samadhi,* dans lequel on réalise la Suprême Réalité, au-delà de tous les mots et de toutes les formes. Leur sagesse et leurs conseils spirituels ont donné les « Écritures » de ce monde. Celles-ci, bien que différentes extérieurement par la diversité des mots qu'elles utilisent, sont néanmoins toutes des expressions — certaines claires et évidentes, d'autres cachées et symboliques — des mêmes vérités fondamentales de l'Esprit.

Mon *gurudeva,* le Jnanavatar[1] Swami Sri Yukteswar (1855–1936) de Serampore, était éminemment qualifié pour discerner l'unité intrinsèque des Écritures chrétiennes et des Écritures du *Sanatan Dharma.* Avec l'esprit vierge, il fut à même de les disséquer au scalpel du raisonnement intuitif et de séparer les interpolations et fausses interprétations des différentes Écoles, des vérités révélées par les prophètes.

C'est grâce à l'infaillible perspicacité intellectuelle du Jnanavatar Swami Sri Yukteswar et à son livre que l'on peut maintenant établir l'harmonie fondamentale entre le livre de l'Apocalypse — si difficile à saisir — et la philosophie *Sankhya* de l'Inde.

Comme mon gurudeva l'a expliqué dans son introduction, il a écrit ces pages à la demande expresse de

---

[1] « Incarnation de la sagesse », d'après le sanskrit *jnana,* « sagesse », et *avatara,* « incarnation divine ». *(Note de l'Éditeur).*

Babaji, le saint *gurudeva* de Lahiri Mahasaya, lui-même le *gurudeva* de Sri Yukteswar. J'ai écrit la vie d'élévation christique de ces trois grands maîtres dans mon livre *Autobiographie d'un yogi*[1] (Paris, Adyar).

[J'ajouterai que] les *aphorismes* sanskrits cités dans *la Science sacrée* répandront beaucoup de lumière sur la Bhagavad Gita ainsi que sur les autres Écritures de l'Inde.

Paramahansa Yogananda

249 Dwapara (1949 ap. J.-C.)

[1] Voir page 94 *(Note de l'Éditeur).*

Avertissement de la première édition française

Sri Yukteswar a écrit *La Science sacrée* en anglais. Il a parfois employé des mots anglais de façon nouvelle. Ainsi « Substance », « Creation of Darkness », « Electricities » sont pris dans une acception nouvelle qui est clarifiée par le contexte. En général, on a utilisé exactement les mêmes mots dans la traduction française : « Substance », « création des Ténèbres », « électricités ». Ici aussi, le contexte clarifie le sens particulier de ces mots en français.

SELF-REALIZATION FELLOWSHIP

Los Angeles, Californie,
le 21 mars 1978

PRÉFACE

par W.Y. Evans-Wentz
Docteur ès lettres, Docteur ès sciences
Auteur de :
The Tibetan Book of the Dead,
Tibet's Great Yogi Milarepa,
Tibetan Yoga and Secret Doctrines, etc.

« J'ai eu le privilège de rencontrer... Sri Yukteswar Giri. Un portrait de ce saint vénérable figure sur le frontispice de mon *Tibetan Yoga and Secret Doctrines.* Ce fut à Puri, en Orissa, dans la baie du Bengale, que je rencontrais Sri Yukteswar. Il était alors à la tête d'un ashram tranquille, près du bord de la mer, et s'occupait principalement de la formation spirituelle d'un groupe de jeunes disciples... Sa voix calme, l'affabilité de ses manières, la noblesse de son maintien étaient dignes de la vénération que son entourage lui accordait spontanément. Tous ceux qui le connaissaient, en cette ville ou ailleurs, le tenaient dans la plus haute estime. Grand, droit, d'allure ascétique, dans la robe safran de ceux qui ont renoncé au monde, je le revois distinctement comme il m'accueillait à l'entrée de son ermitage. Il avait choisi d'établir sa résidence terrestre dans la sainte ville de Puri, où chaque jour de pieux Hindous, représentant toutes les provinces de l'Inde, viennent en pélerinage au fameux Temple de Jagannath, « Le Seigneur du Monde ». C'est à Puri, en 1936, que Sri Yukteswar ferma ses yeux mortels au monde transitoire d'ici-bas et quitta son corps en sachant qu'il avait terminé son incarnation de façon triomphante.

Je suis vraiment heureux d'avoir pu porter mon témoignage de la grandeur de caractère et de la sainteté de Sri Yukteswar. »

INTRODUCTION

चतुर्नवत्युत्तर शतवर्षे गते द्वापरस्य प्रयागक्षेत्रे ।
सद्दर्शनविज्ञानमन्वयार्थे परमगुरुराजस्याज्ञान्तु प्राप्य ॥
कड़ारवंश्यप्रियनाथस्वामिकादम्बिनीक्षेत्रनाथात्मजेन ।
हिताय विश्वस्य विदग्धतुष्टयें प्रणीतं दर्शनं कैवल्यमेतत् ॥

[Ce *Kaivalya Darsanam* (exposition de la Vérité
Finale) a été écrit par Priya Nath Swami[1], fils de Kshe-
tranath et de Kadambini, de la famille Karar. Il fut
publié à Allahabad, presque à la fin de la 194ème
année du présent *Dwapara Yuga*, à la demande expresse
du Grand Précepteur (le Mahavatar Babaji) et pour le
bienfait de l'humanité.]

Le propos de ce livre est de montrer aussi clairement que possible qu'il existe dans toutes les religions
une unité essentielle ; que les vérités enseignées dans
les différentes confessions ne sont nullement différentes ; que le monde, à la fois extérieur et intérieur, a
évolué d'une seule façon ; et que toutes les Écritures
n'admettent pour l'homme qu'un seul but suprême.

Mais ces vérités fondamentales ne sont pas facilement comprises. Il est presque impossible maintenant,

---

[1] En 1894, quand ce livre fut écrit, Babaji conféra à son auteur le titre
de « Swami ». Celui-ci fut par la suite initié dans les formes à l'Ordre
des Swamis par le *Mahanta* (Supérieur) du monastère de Buddha
Gaya, dans le Bihar. Il prit alors le nom monastique de Sri Yukteswar
de la branche *Giri* (« montagne ») de l'Ordre des Swamis. *(Note de
l'Éditeur).*

en raison des divergences entre les différentes religions et aussi à cause de l'ignorance des hommes, de soulever le voile [ainsi formé] et de jeter un regard sur ces grandes vérités. Les croyances favorisent un esprit d'hostilité et de dissension, et l'ignorance humaine élargit le gouffre qui sépare un « credo » de l'autre. Seules quelques personnes particulièrement douées peuvent se soustraire à l'influence des croyances qu'elles affichent et trouver l'unicité absolue dans les vérités répandues par toutes les grandes religions.

L'objet de ce livre est donc de montrer l'harmonie foncière des différentes religions et d'aider ainsi à les réunir. C'est là une tâche, certes, extraordinairement difficile. Toutefois, la mission m'en a été confiée par un très grand saint.

[Ceci se passa] à Allahabad. Là, à l'endroit sacré du *Prayaga Tirtha,* où les rivières de la Jamuna et de la Sarasvati se jettent dans le Gange, les hommes du monde et les êtres tournés entièrement vers le spirituel se réunissent à l'époque de la *Kumbha Mela.* Les premiers ne peuvent pas transcender les limites du monde dans lequel ils se trouvent. Les seconds, après avoir renoncé au monde, ne peuvent pas accepter d'y redescendre et de se mêler à nouveau à son agitation. Pourtant les hommes qui sont entièrement absorbés dans leurs affaires temporelles ont bien besoin d'être aidés et guidés par de saints êtres apportant la lumière au genre humain. Aussi doit-il exister des lieux où la rencontre entre les deux groupes soit possible. *Tirtha* est un de ces endroits. Situé, comme il est, sur les rivages de ce monde, il n'est pas affecté par les rafales et les tourmentes [de l'illusion]. Les sadhu (ascétiques) qui ont un message dont le monde peut bénéficier, trouvent ainsi aux *Kumbha Mela* un endroit idéal pour donner leurs instructions à ceux qui sont capables d'y prêter attention.

C'est en janvier 1894 que je fus appelé à répandre un tel message. Je participais alors à la Kumbha Mela qui se tenait à Allahabad. Comme je longeais la rive du Gange, un homme me demanda de le suivre et j'ai eu l'honneur de parler à un très grand saint, Babaji, le *gurudeva* de mon propre guru, Lahiri Mahasaya de Bénarès. Ce très grand saint de la *Kumbha Mela* était donc mon propre *paramguruji maharaj*.[1] Ce fut là notre toute première rencontre.

Durant mon entretien avec Babaji, la conversation porta sur la catégorie de gens qui fréquentent de nos jours ces lieux de pèlerinage. Je lui fis humblement part [des réflexions suivantes]. Il y a, dans des régions éloignées du globe, en Europe et en Amérique, des hommes surpassant de beaucoup en intelligence la plupart de ceux ici présents, bien qu'ils soient de confession différente et ne connaissent point la vraie signification des *Kumbha Mela*. Ce sont des hommes capables de s'accorder sur le plan de l'intelligence avec des fidèles reflétant la spiritualité. Malheureusement, ces intellectuels des pays étrangers sont, dans bien des cas, voués à un matéralisme grossier. En outre, certains d'entre eux, bien que réputés pour leurs travaux dans les domaines de la science et de la philosophie, ne reconnaissent point l'unité essentielle de la religion. Enfin, les croyances qu'ils professent élèvent des barrières presque insurmontables, menaçant de séparer

---

[1] *Paramguru* signifie littéralement « le guru au-delà », c'est-à-dire le *guru* du *guru*. Le suffixe *ji* dénote le respect. *Maharaj,* « grand roi », est un titre qu'on ajoute souvent aux noms de personnes exceptionnelles sur le plan spirituel. *(Note de l'Éditeur).*

l'humanité à jamais.

Mon *paramguruji maharaj* Babaji sourit et, m'ho-
norant du titre de Swami, m'imposa la tâche d'écrire ce
livre. Je fus donc choisi, pour quelle raison je l'ignore,
afin de supprimer ces barrières et d'aider à établir la vérité
fondamentale de toutes les religions.

Ce livre est divisé en quatre parties, d'après les
quatre étapes du développement de la connaissance. Le
but suprême de la religion est *Atmajnanam,* connaissance du Soi. Mais, pour atteindre ce but, la connaissance du monde extérieur est nécessaire. Aussi la première partie du livre traitera de वेद *(veda),* l'évangile,
et cherchera à établir les vérités fondamentales de la
création ainsi qu'à décrire l'évolution du monde et sa
dissolution.

On trouve à chaque échelon de la création que
toutes les créatures, de la plus grande à la plus petite,
recherchent avidement trois choses : l'existence, la conscience et la félicité. L'exposition de ces buts ou des-
seins fera l'objet de la seconde partie du livre. La
troisième partie traitera de la méthode à suivre pour
atteindre ces trois buts de la vie. La quatrième partie,
enfin, envisagera les révélations dont sont honorés les
êtres qui se trouvent très avancés dans la réalisation de
ces trois buts et qui les ont presque atteints.

Le système que j'ai adopté dans ce livre est d'abord
d'énoncer les propositions avec les termes sanscrits des
sages orientaux et puis de les expliquer par des réfé-
rences aux saintes écritures de l'Occident. J'ai ainsi fait
de mon mieux pour montrer qu'il n'y a pas réellement
désaccord, encore moins contradiction, entre les ensei-
gnements de l'Orient et ceux de l'Occident. C'est dans
l'âge où se développent rapidement toutes les branches

du savoir, l'âge du Dwapara, que ce livre a été écrit sous l'inspiration de mon *paramgurudeva.* Aussi j'espère que sa signification n'échappera pas à ceux auxquels il est destiné.

Un court exposé sur les *yugas* ou âges, avec calculs mathématiques, est ici nécessaire pour expliquer que l'âge présent du monde est le Dwapara Yuga. Il y a maintenant 194 ans que celui-ci a commencé (1894 ap. J-C.), apportant un rapide développement dans les connaissances humaines.

On apprend dans l'astronomie orientale [les principes suivants]. Les lunes tournent autour de leurs planètes. Les planètes, tout en tournant sur leur axe, gravitent avec leurs lunes autour du soleil. Le soleil avec ses planètes et chacune de leurs lunes, prend une étoile donnée comme double et tourne autour d'elle en 24 000 ans terrestres environ. Ce phénomène céleste produit la précession des équinoxes autour du zodiaque. Le soleil a aussi un autre mouvement. Il gravite autour d'un grand centre appelé *Vishnunabhi,* qui est le siège du pouvoir créateur, *Brahma,* le magnétisme universel. *Brahma* règle le *dharma,* la vertu mentale du monde intérieur.

La révolution du soleil autour de son double l'amène, quand l'équinoxe d'automne tombe au début du Bélier, au point le plus proche de ce grand centre, où siège *Brahma.* Le *dharma,* ou vertu mentale, atteint alors un tel degré de développement que l'homme peut aisément tout comprendre, même les mystères de l'Esprit.

Au début du XXe siècle, l'équinoxe d'automne tombera parmi les étoiles de la constellation de la Vierge et au début du Dwapara Yuga ascendant.[1]

[1] Voir le diagramme de la page 12.

DIAGRAMME

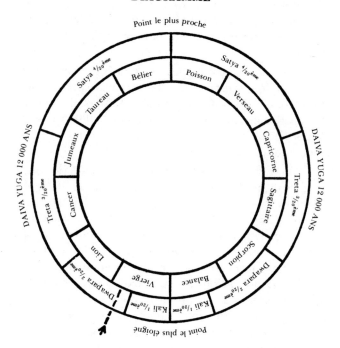

Point le plus proche

La Vierge est le signe opposé du Poisson. L'équinoxe d'automne tombe maintenant dans la Vierge. Le point opposé, l'équinoxe du printemps, tombe forcément dans le Poisson. Ainsi les métaphysiciens occidentaux qui considèrent que l'équinoxe du printemps a la signification principale disent que le monde est maintenant dans « l'Ère du Poisson ».

Dans les constellations, les équinoxes ont un mouvement rétrograde. Lorsqu'ils quitteront les constellations du Poisson et de la Vierge, ils entreront dans celles du Verseau et du Lion. D'après la théorie de Swami Sri Yukteswar, le monde est entré dans l'Ère du Poisson ou de la Vierge en 499 ap. J.-C. et il entrera dans celle du Verseau ou du Lion deux mille ans plus tard, soit en 2499 ap. J.-C. (Note de l'Éditeur).

Après 12 000 ans, quand l'équinoxe d'automne entre dans la Balance, le soleil atteint sur son orbite le point le plus éloigné de *Brahma*, ou grand centre. Le *dharma* ou vertu mentale atteint alors un tel état de réduction que l'homme ne peut rien comprendre de plus que la création du monde physique. Quand la révolution du soleil l'amène de nouveau au point le plus proche du grand centre, le *dharma*, ou vertu mentale, recommence à se développer et sa croissance, étant graduelle, demande une nouvelle période de 12 000 ans pour s'accomplir.

Chacune de ces deux périodes de 12 000 ans apporte un changement complet. Il est à la fois externe, dans le monde matériel, et interne, dans le monde intellectuel et électrique. Chaque période est appellée *Daiva Yuga*. Les deux forment une Paire Électrique. Ainsi, dans une période de 24 000 ans, le soleil fait une révolution complète autour de son double et finit un cycle électrique comprenant un arc ascendant de 12 000 ans et un arc descendant de 12 000 ans.

Le développement du *dharma*, ou vertu mentale, se fait graduellement. Au cours des 12 000 ans, il passe par quatre étapes différentes. La période de 1 200 ans, durant laquelle le soleil parcourt le vingtième de son orbite (voir diagramme), s'appelle le Kali Yuga. Le *dharma*, ou vertu mentale, est alors à son premier stade et au quart de son développement. L'entendement humain ne peut rien saisir en plus du monde physique ou monde extérieur, toujours changeant.

La période de 2 400 ans, durant laquelle le soleil traverse les deux vingtièmes de son orbite, s'appelle le Dwapara Yuga. Le *dharma*, ou vertu mentale, est alors à son second stade et à la moitié de son développement.

L'entendement humain peut alors saisir les matières subtiles ou électricités et leurs attributs, qui sont les principes créateurs du monde extérieur.

La période de 3 600 ans, durant laquelle le soleil traverse les trois vingtièmes de son orbite, s'appelle le Treta Yuga. Le *dharma,* ou vertu mentale, est alors à son troisième stade. L'entendement humain devient capable de saisir le magnétisme divin, source de toutes les forces électriques dont dépend la création pour son existence.

La période de 4 800 ans, durant laquelle le soleil traverse les quatre vingtièmes restants de son orbite, s'appelle le Satya Yuga. Le *dharma,* ou vertu mentale, entre dans son quatrième stade et atteint son développement complet. L'entendement humain peut alors tout saisir, même Dieu, l'Esprit au-delà de ce monde visible.

Dans le passage suivant de sa *Samhita,* Manu, grand *rishi* (sage illuminé) du Satya Yuga, décrit ces Yugas de façon plus claire.

चत्वार्याहुः सहस्राणि वर्षाणान्तु कृतं युगम् ।
तस्य तावच्छती सन्ध्या सन्ध्यांशश्च तथाविधः ॥
इतरेषु ससन्ध्येषु ससन्ध्यांशेषु च त्रिषु ।
एकापायेन वर्तन्ते सहस्राणि शतानि च ॥
यदेतत् परिसंख्यातमादावेव चतुर्युगम् ।
एतद् द्वादशसाहस्रं देवानां युगमुच्यते ॥
दैविकानां युगानान्तु सहस्रं परिसंख्यया ।
ब्राह्ममेकमहर्ज्ञेयं तावती रात्रिरेव च ॥

Le Krita Yuga (Satya Yuga ou « l'Âge d'Or » du monde) dure, dit-on, quatre fois mille ans. Son aurore et son crépuscule durent autant de centaines d'années (c'est-à-dire 400 + 4 000 + 400 = 4 800). Dans les trois autres Âges, y compris leur aurore et leur crépuscule, le nombre des milliers et celui des centaines décroît d'une unité (c'est-à-dire 300 + 3 000 + 300 = 3 600, etc.). Ce cycle à quatre phases, d'une durée totale de 12 000 ans, s'appelle un Âge des Dieux. La somme de mille Âges des Dieux constitue un jour de Brahma. Une nuit de Brahma a la même durée.

La durée du Satya Yuga proprement dit est de 4 000 ans. Les 400 ans qui le précèdent et les 400 ans qui le suivent sont ses *sandhis* ou périodes de transition avec respectivement le yuga précédent et le yuga suivant. Par conséquent, la durée du Satya Yuga complet est de 4 800 ans.

Pour calculer la durée de tout autre yuga et de ses *sandhis,* le principe à suivre est de réduire d'une unité le nombre des milliers et celui des centaines représentant la durée du yuga antérieur et celle de ses *sandhis.* Conformément à cette règle, on voit que la durée du Treta Yuga est de 3 000 ans et celle de ses *sandhis* d'avant et d'après (périodes de transition) est de 300 ans, ce qui fait un total de 3 600 ans. De même, la durée du Dwapara Yuga est de 2 000 ans, celle de ses *sandhis* d'avant et d'après, de 200 ans, soit 2 400 ans au total. Finalement, la durée du Kali Yuga est de 1 000 ans, celle de ses *sandhis* d'avant et d'après, de 100 ans, soit un total de 1 200 ans.

Ainsi 12 000 ans, somme totale de toutes les divisions de ces quatre Yugas, est la durée d'un Daiva Yuga. L'ensemble de deux Daiva Yugas ou Paire Électrique dure 24 000 ans et forme un cycle électrique complet.

En 11 501 av. J.-C., quand l'équinoxe d'automne entra dans le Bélier, le soleil commença à s'éloigner du

point de son orbite le plus proche du grand centre et
à se rapprocher du point qui en est le plus éloigné. La
puissance intellectuelle de l'homme commença, de ce
fait, à décliner. Durant les 4 800 années qu'il fallut
au soleil pour traverser l'un des deux Satya Yugas ou
les quatre vingtièmes de son orbite, l'entendement
humain perdit complètement le pouvoir de saisir la
connaissance spirituelle. Durant les 3 600 années sui-
vantes qu'il fallut au soleil pour traverser le Treta Yuga
descendant, l'entendement humain perdit peu à peu
tout pouvoir de saisir la connaissance du magnétisme
divin. Durant les 2 400 années qui suivirent, au cours
desquelles le soleil traversa le Dwapara Yuga descendant, l'entendement humain perdit le pouvoir de saisir
la connaissance des électricités et de leurs attributs. Sui-
vit enfin une période de 1 200 années, durant laquelle
le soleil traversa le Kali Yuga descendant et atteignit le
point de son orbite le plus éloigné du grand centre.

L'équinoxe d'automne tomba alors au début de la
Balance et la puissance intellectuelle de l'homme fut à
tel point réduite qu'elle ne put plus par la suite comprendre tout ce qui est au-delà de la création du monde
physique. La période située aux environs de 500 ans
ap. J.-C. fut donc la partie la plus sombre du Kali Yuga
et de tout le cycle des 24 000 ans. L'histoire confirme
bien l'exactitude de ces anciens calculs des *rishis* de
l'Inde, puisqu'elle relate que l'ignorance et la souffrance s'étendaient alors à tous les pays.

À partir de 499 ap. J.-C., le soleil commença à
avancer en direction du grand centre et l'entendement
humain se mit peu à peu à se développer. Durant les
1 100 années du Kali Yuga ascendant, ce qui nous
transporte jusqu'en 1599, l'entendement humain fut si

borné qu'il ne put saisir les électricités, *Sukshmabhuta,* matières subtiles de la création. Dans le domaine politique aussi, il n'y eut en général la paix dans aucun royaume.

Après cette date, le *sandhi* du Kali Yuga assura pendant 100 ans la transition de ce Yuga avec le Dwapara Yuga suivant. Les hommes se mirent alors à noter l'existence des matières subtiles, les attributs des cinq électricités *(panchatanmantra),* et la paix politique commença à s'établir.

C'est ainsi que vers 1600, William Gilbert découvrit les forces magnétiques et observa la présence d'électricité dans toutes les substances matérielles. En 1609, Képler découvrit d'importantes lois d'astronomie et Galilée inventa le télescope. En 1621, le hollandais Drebbel inventa le microscope. Vers 1670 Newton découvrit la loi de la gravitation. En 1700, Thomas Savery utilisa la machine à vapeur pour le pompage des eaux. Vingt ans plus tard, Stephen Gray découvrit l'action de l'électricité sur le corps humain.

Dans le monde politique, on commença à avoir du respect pour l'homme et la civilisation avança sous bien des rapports. L'Angleterre s'unit à l'Écosse et devint un puissant royaume. Napoléon Bonaparte introduisit le Code civil, chose nouvelle, dans le Sud de l'Europe. L'Amérique conquit son indépendance et la majeure partie de l'Europe connut la paix.

Avec les progrès de la science, la terre commença à se couvrir de chemins de fer et de fils télégraphiques. Grâce aux machines à vapeur, aux moteurs électriques et à beaucoup d'autres instruments, on fit une application pratique de ces matières subtiles, bien qu'on n'en comprit pas clairement la nature. En 1899, quand les

200 années du *sandhi* du Dwapara — temps de la transition — se seront écoulées, le vrai Dwapara Yuga de 2 000 ans commencera et donnera à l'humanité en général la parfaite compréhension des électricités et de leurs attributs.

Telle est la grande influence du Temps qui gouverne l'univers. Personne ne peut se soustraire à cette influence, sauf celui qui, doté du pur amour — don céleste de la Nature — devient divin. Baptisé dans le courant sacré du *Pranava* (la sainte vibration de *l'Aum*), il comprend alors le royaume de Dieu.

Les almanachs hindous ne donnent pas correctement la présente position du monde (1894 ap. J-C.) dans l'ère du *sandhi* du *Dwapara*. Les astronomes et les astrologues qui ont établi ces almanachs se sont basés sur les annotations erronnées de certains érudits sanscrits, tels que Kulluka Bhatta, vivant au temps de l'âge sombre du Kali Yuga. Ils soutiennent maintenant que la durée du Kali Yuga est de 432 000 années, dont 4 994 se seraient déjà écoulées en 1894 ap. J.-C., ce qui laisserait encore 427 006 à venir. Perspective bien sombre, mais qui, heureusement, n'est pas vraie!

L'erreur s'est glissée pour la première fois dans les almanachs vers 700 av. J.-C., à l'époque du roi Parikshit, juste à la fin du dernier Dwapara Yuga descendant. À ce moment-là, le grand roi Yudhisthira, notant l'apparition du sombre Kali Yuga, laissa son trône à son petit-fils, le roi Parikshit. Avec tous les sages de sa cour, le grand roi Yudhisthira se retira dans les montagnes de l'Himalaya, le paradis du monde. Il ne resta ainsi plus personne à la cour du roi Parikshit pour comprendre le principe du calcul correct de l'âge des différents yugas.

Une fois terminées les 2 400 années du Dwapara Yuga alors en cours, personne n'eut le courage d'attirer l'attention sur le début du sombre Kali Yuga, en prenant l'an 1 de celui-ci comme base de calcul et en mettant donc fin au nombre des années du Dwapara. C'est cette façon erronnée de calculer qui a fait que l'an 1 du Kali Yuga soit devenu l'an 2401 du Dwapara Yuga. 1 200 ans après, en 499 ap. J.-C., quand le Kali Yuga proprement dit prit fin et que le soleil atteignit le point de son orbite le plus éloigné du grand centre — l'équinoxe d'automne était alors au début de la Balance dans les cieux — l'âge du Kali Yuga, dans sa période la plus sombre, fut alors évalué à 3 600 années au lieu de 1 200.

Mais, à partir de 499 ap. J-C., avec le début du Kali Yuga ascendant, le soleil commença à se rapprocher du point de son orbite le plus proche du grand centre et la puissance intellectuelle de l'homme se mit à se développer. Aussi les sages de l'époque, qui trouvaient que les calculs des anciens *rishis* avaient fixé la durée d'un Kali Yuga à seulement 1 200 années, relevèrent l'erreur des almanachs. Mais, comme leur entendement n'était pas suffisamment développé, ils purent seulement relever l'erreur mais non expliquer les raisons de celle-ci. Pour tout concilier, ils imaginèrent que les 1 200 années de la durée réelle du Kali Yuga n'étaient pas des années terrestres ordinaires, mais représentaient des années *divines* (« années des dieux »), comprenant 12 mois *divins* de 30 jours *divins* chacun, et que chaque jour *divin* équivalait à une année solaire de notre globe terrestre. Les 1 200 années du Kali Yuga devaient ainsi correspondre, selon eux, à 432 000 années terrestres.

En fait, pour aboutir à la conclusion juste, on doit prendre en considération la position de l'équinoxe vernal au printemps de l'année 1894. Les tables astronomiques de référence indiquent que l'équinoxe vernal est maintenant à 20° 54′ 36″ du début du Bélier (étoile fixe Révati). Par le calcul, on montre qu'il s'est écoulé 1 394 années depuis le moment où l'équinoxe vernal a commencé sa rétrocession à partir de son entrée dans le Bélier.

En déduisant 1 200 ans (durée du dernier Kali Yuga ascendant) de 1 394 ans, on obtient 194, qui indique l'année actuelle, comptée à partir de l'entrée du monde dans le Dwapara Yuga ascendant. La faute des vieux almanachs apparaît clairement quand on ajoute 3 600 ans à cette période de 1 394 ans et que l'on obtient 4 994 ans. Suivant la théorie erronée en question, 4 994 représente l'année actuelle (1894 ap. J.-C.) des almanachs hindous.

[En se reportant au diagramme donné dans ce livre, le lecteur verra que l'équinoxe d'automne tombe maintenant, 1894 ap. J.-C., parmi les étoiles de la constellation de la Vierge et dans le Dwapara Yuga ascendant].

Dans ce livre, on a mentionné certaines vérités, comme celles qui concernent les propriétés du magnétisme, ses auras, les différentes sortes d'électricités, etc., bien que la science moderne ne les ait pas encore découvertes. Mais on pourra facilement comprendre les cinq types d'électricité, si l'on porte son attention sur les propriétés des nerfs, car celles-ci sont de nature purement électrique. Chacun des nerfs sensoriels a, en effet, une fonction caractéristique et unique à remplir. Le nerf optique transporte la lumière et n'accomplit pas les fonctions du nerf auditif ni celles des autres nerfs. Le nerf auditif, à son tour, ne transporte que le son et ne saurait accomplir les fonctions de l'un quelconque des autres nerfs, et ainsi de suite. Il est donc clair qu'il y a cinq sortes d'électricité, correspondant chacune aux cinq propriétés de l'électricité cosmique.

Quant aux propriétés magnétiques, la puissance de compréhension de l'entendement humain est si limitée à présent, qu'il serait bien inutile d'essayer de faire comprendre la chose au grand public. Mais l'entendement de l'homme du Treta Yuga comprendra les attributs du magnétisme divin (le prochain Treta Yuga commencera en 4099 ap. J.-C.). Il y a, bien sûr, actuellement en vie des êtres exceptionnels qui se sont soustraits à l'influence du Temps et qui peuvent donc comprendre aujourd'hui ce que ne peut comprendre le commun des mortels. Mais ce livre n'est pas pour ces êtres supérieurs qui n'en ont nul besoin.

En guise de conclusion, on fera remarquer que les différentes planètes, exerçant leur influence sur les différents jours de la semaine, ont donné leur nom aux jours correspondants. De même, les différentes constellations d'étoiles, exerçant leur influence sur les différents mois, ont donné leur nom aux mois hindous. Chacun des grands Yugas a aussi une grande influence sur la période de temps qu'il couvre. Il serait donc souhaitable, en désignant les années, d'employer une terminologie indiquant le Yuga auquel chacune de ces périodes appartient.

Comme les Yugas se calculent d'après la position de l'équinoxe, toute méthode de numérotation des années faisant intervenir les Yugas correspondants sera fondée sur un principe scientifique. En utilisant une telle méthode, on évitera les nombreux inconvénients qui ont surgi dans le passé, quand les différentes ères étaient associées à de grands personnages plutôt qu'au phénomène céleste des étoiles fixes.

Nous proposerons, par conséquent, de numéroter et de désigner l'année durant laquelle la présente introduction a été écrite, 194 Dwapara, au lieu de 1894 ap. J.-C. En fait, cette méthode de calcul était courante dans l'Inde jusqu'au règne du roi Vikramaditya, époque à laquelle l'ère *Samvat* fut introduite. Comme cette méthode de calcul des Yugas s'impose à la raison, nous la suivrons et nous recommanderons au public de la suivre.

En cette année 194 du Dwapara Yuga, maintenant que l'âge sombre du Kali Yuga est depuis longtemps passé, le monde tend à la connaissance spirituelle et les hommes ont besoin de s'entraider avec amour. J'espère donc que ce livre, publié à la demande expresse de mon saint *paramguru maharaj* Babaji, les aidera sur le plan spirituel.

Swami Sri Yukteswar Giri

Serampore Bengale occidental,
le 26 Falgun 194 Dwapara Yuga
(1894 ap. J.-C.)

कैवल्यदर्शनम्

CHAPITRE 1

वेद: L'ÉVANGILE

SUTRA 1

नित्यं पूर्णमनाद्यनन्तं ब्रह्म परम् ।
तद्वैकमेवाद्वैतं सत् । १ ।

Parambrahma (l'Esprit ou Dieu) est éternel, complet, sans commencement ni fin. Son Être est un, indivisible.[1]

Le Père Éternel, Dieu, *Swami Parambrahma,* est la Seule Substance Véritable *(Sat).* Il est tout en tout dans l'univers.

Pourquoi ne peut-on pas comprendre Dieu ? L'homme possède une foi éternelle et croit intuitivement en l'existence d'une Substance. Les parties constituantes de ce monde visible que perçoivent ses sens — l'ouïe, le toucher, la vue, le goût et l'odorat — ne sont que des propriétés de cette Substance. Comme l'homme identifie sa personne avec son corps physique, qui se compose de ces propriétés, il est capable de les comprendre avec ses organes imparfaits, mais il est incapable de comprendre la Substance à laquelle elles appartiennent. Le Père Éternel, Dieu, la seule Substance de l'univers, est donc incompréhensible à l'homme de ce monde matériel, à moins qu'il ne s'élève au-dessus de cette

---

[1] Sri Yukteswar n'a donné ces *Sutras* (préceptes) qu'en sanscrit, tels qu'on les voit. C'est la Self-Realization Fellowship qui les a traduits. *(Note de l'Éditeur).*

création des Ténèbres ou *Maya* et ne devienne divin.
Voir *Hébreux* 11:1 et *Jean* 8:28.

> *« Or la foi est la substance des choses qu'on espère, la
> preuve de celles qu'on ne voit pas. »*

> *« Jésus donc leur dit : Quand vous aurez élevé le Fils de
> l'homme, alors vous saurez que je suis Lui. »*

SUTRA 2

तत्र सर्व्वज्ञप्रेमबीजज्ञिचत् सर्व्वशक्तिबीजमानन्दश्च ॥ २ ॥

**En Lui (Parambrahma) se trouve l'origine de toute
connaissance et de tout amour, la source de toute puissance et de toute joie.**

Prakriti **ou la nature de Dieu.** La Force Toute-Puissante
(Shakti) ou, en d'autres termes, la Félicité Éternelle
(Ananda), qui produit ce monde, et le Sentiment Omniscient *(Chit)*, qui rend ce monde conscient, démon-
trent la Nature *(Prakriti)* de Dieu le Père.

Comment comprendre Dieu ? Comme l'homme est à
l'image de Dieu, quand il dirige son attention en dedans de lui-même, il peut comprendre cette Force
Toute-Puissante et ce Sentiment Omniscient, les seules
propriétés de son Soi. La Force Toute-Puissante, c'est
sa volonté *(Vasana)* avec la satisfaction qu'il tire de son
utilisation *(Bhoga)*. Le Sentiment Omniscient, c'est sa
conscience *(Chetana)* qui éprouve cette satisfaction
(Bhokta). Voir *Genèse* 1:27.

> *« Ainsi Dieu créa l'homme à Son image. Il le créa à
> l'image de Dieu ; Il les créa homme et femme. »*

SUTRA 3

तत्सर्व्वशक्तिवीजजड प्रकृतिवासनाया व्यक्तभावः ।
प्रणवशब्दः दिक्कालाणवोऽपि तस्य रूपाणि ॥ ३ ॥

**Parambrahma fait émerger la création, la Nature
inerte *(Prakriti)*. De *l'Aum* (*Pranava*, la Parole, la manifestation de la Force Omnipotente), proviennent *Kala*,
le Temps, *Desa*, l'Espace et *Anu*, l'Atome (la structure
vibratoire de la création).**

**La Parole ou *Amen (L'Aum)* est le commencement de la
création.** La Force Omnipotente (la Répulsion et son
complément, l'Attraction, le Sentiment ou Amour Omniscient) se manifeste par une vibration qui apparaît
comme un son particulier : la Parole, *Amen, Aum.*
L'Aum a [quatre] aspects différents. Il représente l'idée
du changement, c'est-à-dire l'idée du Temps *(Kala)*
dans l'Inchangeant éternel. Il représente l'idée de divi-
sion, c'est-à-dire l'idée de l'Espace *(Desa)* dans l'Indivisible éternel. Il en résulte l'idée des particules — des
innombrables atomes *(Patra* ou *Anu)*. Ces quatre
aspects, la Parole, le Temps, l'Espace et l'Atome, sont
une seule et même chose, en substance rien d'autre
que de simples idées.

**Les quatre idées : la Parole, le Temps, l'Espace et
l'Atome.** Ces manifestations de la Parole (devenant
chair ou étoffe extérieure) ont créé ce monde visible.
Ainsi la Parole *(l'Amen, l'Aum)*, étant la manifestation
de la Nature Éternelle du Père Tout-Puissant ou de Son
Propre Soi, est inséparable de Dieu et n'est rien d'autre
que Dieu Lui-Même. De même le pouvoir du feu est
inséparable du feu et n'est rien d'autre que le feu lui-
même. Voir *Apocalypse* 3:14 et *Jean* 1:1,3,14.

*« Voici ce que dit l'Amen, le témoin fidèle et véritable, le
commencement de la création de Dieu. »*

*« Au commencement était la Parole, et la Parole était
avec Dieu, et la Parole était Dieu... Toutes choses ont été faites
par Elle et rien de ce qui a été fait n'a été fait sans Elle... Et
la Parole a été faite chair, et Elle a habité parmi nous. »*

SUTRA 4

तदेव जगत्कारणं माया ईश्वरस्य, तस्य व्याष्टिरविद्या ॥ ४ ॥

**La cause de la création est *Anu* ou les Atomes.
Ensemble, on les appelle *Maya* ou pouvoir de Dieu
engendrant l'illusion [cosmique]. Individuellement,
on les appelle *Avidya*, Ignorance.**

Les Atomes sont le trône de l'Esprit, le Créateur. Ces
Atomes, qui représentent intérieurement et extérieurement les quatre idées mentionnées ci-dessus, sont
le trône de l'Esprit, le Créateur, qui, luisant sur eux,
crée notre univers. Ensemble, on les appelle *Maya*, les
Ténèbres, parce qu'ils empêchent de comprendre la
Lumière Spirituelle. Séparément, on les appelle *Avidya*,
Ignorance, parce qu'ils rendent l'homme ignorant de
son propre Soi. Ces quatre idées, qui sont à l'origine
de toutes les méprises, sont mentionnées dans la Bible
comme autant de bêtes sauvages. Tant que l'homme
s'identifie avec son corps physique, il occupe une position très inférieure à celle de l'Atome primitif avec ses
quatre aspects. Il est donc incapable de le comprendre.
Mais quand il s'élève à son niveau, il comprend non
seulement l'Atome, de l'intérieur comme de l'exté-

rieur, mais encore la création tout entière, qu'elle soit manifestée ou non (c'est-à-dire « par devant et par derrière »). Voir *Apocalypse* 4:6.

> « *Et au milieu du trône et tout autour du trône, il y avait quatre bêtes sauvages pleines d'yeux par devant et par derrière.* »

SUTRA 5

तत्सर्व्वज्ञप्रेमबीजं परं तदेव कूटस्थचैतन्यम् ।
पुरुषोत्तमः तस्याभासः पुरुषः तस्मादभेदः । ५ ।

L'aspect de l'Amour Omniscient de *Parambrahma* est le *Kutastha Chaitanya*. Le Soi individuel, étant Sa manifestation, fait un avec Lui.

Kutastha Chaitanya, le Saint-Esprit, Purushottama. La manifestation de *Premabijam Chit* (l'Attraction, l'Amour Omniscient) est la Vie, l'Esprit Sacré Omniscient. On l'appelle le Saint-Esprit (*Kutastha Chaitanya* ou *Purushottama*). Il luit dans les Ténèbres *(Maya)* pour en attirer toutes les parties vers la Divinité. Mais les Ténèbres, *Maya,* ou ses parties individuelles[1], *Avidya* ou Ignorance, étant Répulsion même, ne peuvent pas recevoir ou comprendre la Lumière Spirituelle, bien qu'elles la reflètent.

Abhasa Chaitanya ou Purusha, les Fils de Dieu. Ce Saint-Esprit, étant la manifestation de la Nature Omnisciente du Père Éternel, Dieu, n'est pas une autre substance que Dieu Lui-même. Aussi les reflets de ses rayons spirituels s'appellent-ils les Fils de Dieu, *Abhasa Chaitanya* ou *Purusha*. Voir *Jean* 1:4,5,11.

[1] C'est-à-dire sa présence en chaque homme.

« *En elle [la Parole] était la vie, et la vie était la lumière des hommes.* »

« *Et la lumière luit dans les ténèbres, et les ténèbres ne l'ont point comprise.* »

« *Elle [la Lumière] est venue chez les siens, et les siens ne l'ont point reçue.* »

SUTRA 6

चित्सकाशादणोर्महत्त्वं तच्चित्तम्‌, तत्रसदध्यवसायः ।
सत्त्वं बुद्धिः ततस्तद्विपरीतं मनः
चरमेऽभिमानोऽहंकारस्तदेव जीवः । ६ ।

Sous l'influence de *Chit* (la connaissance universelle), l'Atome forme le *Chitta* ou état calme de l'esprit. Celui-ci, lorsqu'il se spiritualise, s'appelle *Buddhi*, l'Intelligence. Son opposé est *Manas*, l'esprit, dans lequel vit le *Jiva*, le Soi, avec *Ahamkara*, le Moi, c'est-à-dire l'idée d'une existence distincte.

***Chitta*, le Cœur ; *Ahamkara*, le Fils de l'homme.** Cet **Atome** (*Avidya*, l'Ignorance), sous l'influence de l'Amour Universel (*Chit*, le Saint-Esprit), se spiritualise comme de la limaille de fer dans un champ magnétique. Il s'imprègne de conscience ou pouvoir de sentir. On l'appelle alors *Mahat*, le Cœur *(Chitta)*. En tant que tel, il donne naissance à l'idée d'existence séparée du Soi, qu'on appelle *Ahamkara*, (le Moi), le Fils de l'homme.

***Buddhi*, l'Intelligence ; *Manas*, l'Esprit.** Ainsi magnétisé, il a deux pôles : un pôle qui l'attire vers la Substance Réelle *(Sat)* et un pôle qui l'en repousse. Le premier pôle s'appelle *Sattwa* ou *Buddhi,* l'Intelligence, qui détermine ce qui est Vérité. Le second, qui est une particule de la Répulsion ou Force Omnipotente spiritualisée comme on l'a dit plus haut, produit, pour sa propre satisfaction *(ananda),* le monde-idée et s'appelle *Anandatwa* ou *Manas,* l'Esprit.

SUTRAS 7 – 10

तद्हंकारचित्तविकारपञ्चतत्त्वानि । ७ ।
तान्येव कारणशरीरं पुरुषस्य । ८ ।
तेषां त्रिगुणेभ्यः पञ्चदश विषयेन्द्रियाणि । ६ ।
एतानि मनोबुद्धिभ्यां सह सप्तदशसूक्ष्माङ्गानि ।
लिङ्गशरीरस्य । १० ।

Chitta, l'Atome spiritualisé dans lequel apparaît *Ahamkara* (l'idée d'existence séparée du Soi), a cinq manifestations (électricités éthériques).

Celles-ci constituent le corps causal de *Purusha.*

À partir de leurs trois attributs *(Gunas)* — *Sattwa* (positif), *Rajas* (neutralisant) et *Tamas* (négatif) —, ces cinq électricités produisent les *Jnanendriyas* (organes des sens), les *Karmendriyas* (organes de l'action) et les *Tanmatras* (objets des sens).

Ces quinze attributs, plus l'esprit et l'intelligence, constituent les dix-sept « membres subtils » du corps subtil ou *Lingasarira.*

Pancha Tattwa, les cinq causes essentielles de la création, constituent le corps causal. L'Atome spiritualisé, *Chitta* (le Cœur), étant une manifestation de la Répulsion, produit dans chacune de ses cinq parties une des

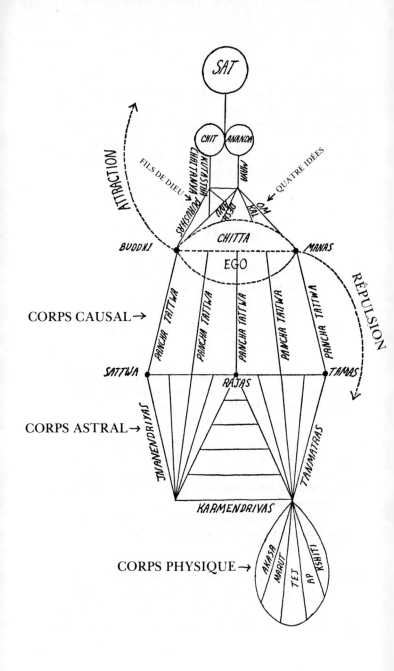

cinq sortes d'électricités éthériques : une dans son milieu, une à chacune de ses extrémités et les deux autres dans l'espace situé entre son milieu et chacune de ses extrémités.

Sous l'influence de l'Amour Universel (le Saint–Esprit), ces cinq sortes d'électricités sont attirées vers la Substance Réelle *(Sat)*. Elles produisent ainsi un champ magnétique qu'on appelle le corps de *Sattwa Buddhi,* le corps de l'Intelligence. Comme elles sont la cause de toutes les autres créations, on les appelle *Pancha Tattwa,* les cinq causes essentielles, et on les considère comme le corps causal de *Purusha,* le Fils de Dieu.

Les trois *Gunas* des attributs électriques. Comme ces électricités se développent à partir du *Chitta* polarisé, elles sont aussi dans un état de polarisation. Elles possèdent donc les trois attributs ou *Gunas* de ce dernier : *Sattwa, Guna* positif, *Tamas, Guna* négatif et *Rajas, Guna* neutralisant.

***Jnanendriyas,* les cinq organes des sens.** Les attributs positifs des cinq électricités sont les *Jnanendriyas* ou organes des sens — odorat, goût, vue, toucher, ouïe. Sous l'influence de *Manas,* l'esprit, le pôle opposé de cet Atome polarisé, ils s'attirent les uns les autres. Ils forment ainsi le corps mental.

***Karmendriyas,* les cinq organes d'action.** Les attributs neutralisants des cinq électricités sont les *Karmendriyas* ou organes d'action — excrétion, reproduction, locomotion (pieds), habileté manuelle (mains) et parole. Comme ces organes sont la manifestation de l'énergie neutralisante de l'Atome spiritualisé (*Chitta,* le Cœur),

CI-CONTRE : Ce diagramme, préparé par l'Éditeur, a pour seul but de montrer le développement progressif des différents aspects de la création. Il ne vise nullement à illustrer leur relation spatiale.

ils constituent un corps énergétique, appelé corps d'énergie ou de force vitale ou corps de *Prana.*

Vishaya ou **Tanmatras, les cinq objets des sens.** Les attributs négatifs des cinq électricités sont les cinq *Tanmatras* ou objets des sens de l'odorat, du goût, de la vue, du toucher et de l'ouïe. En s'unissant avec les organes des sens grâce au pouvoir neutralisant des organes d'action, ils satisfont les désirs du cœur.

Lingasarira, le corps subtil. Ces quinze attributs de l'Atome spiritualisé, plus les deux pôles de celui-ci, l'esprit et l'intelligence, constituent le *Lingasarira* ou *Sukshmasarira,* le corps subtil de *Purusha,* le Fils de Dieu.

SUTRAS 11, 12

ततः पञ्चतत्त्वानां स्थितिशीलतामसिकविषयपञ्चतन्मात्राणां
पञ्चीकरणेन स्थूलशरीरस्वाङ्गानि जडीभूतपञ्चिक्षत्यपतंजो
मरुद्व्योमान्युद्भूतानि । ११ ।
एतान्येव चतुर्विशतिः तत्त्वानि । १२ ।

Les cinq objets précédents, qui sont les attributs négatifs des cinq électricités, produisent, en se combinant, l'idée de la matière physique sous ses cinq formes : *Kshiti,* solide, *Ap,* liquide, *Tejas,* ignée, *Marut,* gazeuse et *Akasha,* éthérique.

Ces cinq formes de la matière physique et les quinze attributs ci-dessus plus *Manas,* l'esprit ou conscience des sens, *Buddhi,* l'intelligence discriminative, *Chitta,* le cœur ou pouvoir de sentir et *Ahamkara,* le Moi, constituent les vingt-quatre principes fondamentaux de la création.

Swami Sri Yukteswar et Paramahansa Yogananda
Calcutta, 1935

La dernière des solennités de solstice d'hiver célébrée par Swami Sri Yukteswar (en 1935). Paramahansa Yogananda est assis à côté de son grand guru (au centre) devant la table installée dans la cour intérieure de l'ashram de Serampore (Bengale). C'est dans cet ashram qu'il passa la majeure partie des dix années de sa formation spirituelle avec Swami Sri Yukteswar.

Corps physique. Les cinq objets précédents qui sont les attributs négatifs des cinq électricités produisent, en se combinant, l'idée de la matière physique. Celle-ci nous apparaît sous cinq formes différentes : *Kshiti,* solide, *Ap,* liquide, *Tejas,* ignée, *Marut,* gazeuse, et *Vyoma* ou *Akasa,* éthérique. Elles constituent l'enveloppe extérieure de Purusha, le Fils de Dieu. Cette enveloppe s'appelle *Sthulasarira,* corps physique.

Les vingt-quatre Anciens. Ces cinq matières physiques et les quinze attributs précédents constituent avec *Manas,* l'esprit, *Buddhi,* l'intelligence, *Chitta,* le cœur, et *Ahamkara,* le Moi, les vingt-quatre principes ou Anciens dont parle la Bible. Voir *Apocalypse* 4:4.

> « *Et tout autour du trône il y avait vingt-quatre sièges ; et, sur ces sièges, je vis vingt-quatre Anciens.* »

Les vingt-quatre principes mentionnés ci-dessus, qui complètent la création des Ténèbres, *Maya,* ne sont rien d'autre que des ramifications de l'Ignorance, *Avidya.* Comme cette Ignorance ne se compose que d'idées, comme on l'a vu plus haut, la création n'a en réalité aucune existence substantielle, mais elle n'est qu'un jeu d'idées au sein de la Substance Éternelle, le Père.

SUTRA 13

तत्रैव चतुर्दशभुवनानि व्याख्यातानि । १३ ।

Cet univers se différencie en quatorze sphères, sept *Swargas* et sept *Patalas.*

Les sept sphères ou *Swargas*. Dans l'univers ainsi décrit, depuis la Substance Éternelle, Dieu, jusqu'à la création physique, on distingue sept sphères différentes, *Swargas,* ou *Lokas.*

La 7ème sphère, *Satyaloka.* La première de ces sphères est *Satyaloka,* la sphère de Dieu — la seule Substance Réelle *(Sat)* de l'univers. Comme aucun nom ne peut la décrire et que rien dans la création des Ténèbres ou dans celle de la Lumière ne peut la désigner, on l'appelle *Anama,* l'Anonyme.

La 6ème sphère, *Tapoloka.* *Tapoloka,* la sphère de l'Esprit-Saint, vient ensuite. Cette sphère est Patience Éternelle, car aucune idée limitée ne vient jamais la troubler. Même les Fils de Dieu en tant que tels ne peuvent l'approcher. Aussi on l'appelle *Agama,* l'Inaccessible.

La 5ème sphère, *Janaloka.* Il y a ensuite *Janaloka,* la sphère du reflet spirituel, celle des Fils de Dieu, dans laquelle l'idée d'existence séparée du Soi apparaît. Comme cette sphère est au-delà de la compréhension de tout être de la création des *Ténèbres (Maya),* on l'appelle *Alakshya,* l'Incompréhensible.

La 4ème sphère, *Maharloka.* Puis vient *Maharloka,* la sphère de l'Atome, ou début de la création des Ténèbres, *Maya,* dans laquelle se reflète l'Esprit. Comme elle constitue la seule voie de passage entre la création spirituelle et la création matérielle, on l'appelle la Porte, *Dasamadwara.*

La 3ème sphère, *Swarloka.* Autour de cet Atome se trouve *Swarloka,* la sphère de l'aura magnétique, des électricités. Comme cette sphère est caractérisée par l'absence de toute création (même des organes et de leurs objets, les matières subtiles), on l'appelle *Mahasunya,* le Grand Vide.

La 2ème sphère, *Bhuvarloka*. La sphère suivante est *Bhuvarloka*, la sphère des attributs électriques. Comme la matière physique de la création y fait totalement défaut et que seule la présence de la matière subtile la fait remarquer, on l'appelle *Sunya*, le Vide Ordinaire.

La 1ère sphère, *Bhuloka*. La dernière et la plus basse des sphères est *Bhuloka*, la sphère de la création matérielle physique qui est toujours visible pour tous.

***Sapta Patalas*, les sept églises.** De même que Dieu a créé l'homme à Son image, de même le corps humain est semblable à cet univers. En effet, le corps matériel [subtil] de l'homme possède en lui sept centres vitaux, appelés *Patalas*. C'est en se retournant sur Soi et en avançant sur le droit chemin qu'on perçoit la Lumière Spirituelle de ces centres. La Bible les décrit comme autant d'églises. Leurs lumières, telles des étoiles, sont perçues comme autant d'anges. Voir *Apocalypse* 1:12,13, 16,20.

> *« Et, après m'être retourné, je vis sept chandeliers d'or, et, au milieu des sept chandeliers, quelqu'un qui ressemblait à un fils d'homme... »*

> *« Et il avait dans sa main droite sept étoiles... »*

> *« Les sept étoiles sont les anges des sept églises ; et les sept chandeliers que tu as vus sont les églises. »*

Les 14 *Bhuvanas* ou plans de la création. Les sept sphères ou *Swargas* et les sept *Patalas* précédents constituent les quatorze *Bhuvanas*, les quatorze plans qu'on peut distinguer dans la création.

SUTRA 14

त एव पञ्च कोषाः पुरुषस्य । १४ ।

Le *Purusha* est recouvert de cinq *koshas* ou enveloppes.

Les 5 *Koshas* ou enveloppes. *Purusha,* le Fils de Dieu, est recouvert par cinq écrans, appelés *koshas* ou enveloppes.

Le Cœur, 1er *Kosha*. La première enveloppe est le Cœur, *Chitta,* l'Atome composé des quatre idées citées plus haut, qui ressent et éprouve la joie. Comme elle est le siège de la félicité, *ananda,* on l'appelle *Anandamaya Kosha.*

Buddhi, 2ème *Kosha*. La seconde enveloppe est celle des électricités magnétiques éthériques, manifestations de *Buddhi,* l'intelligence qui détermine ce qui est Vérité. Comme elle est ainsi le siège de la connaissance, *jnana,* on l'appelle *Jnanamaya Kosha.*

Manas, 3ème *Kosha*. La troisième enveloppe est le corps de *Manas,* l'esprit, composé des organes des sens comme on l'a dit plus haut, et qui s'appelle *Manomaya Kosha.*

Prana, 4ème *Kosha*. La quatrième enveloppe est le corps de l'énergie, de la force vitale ou *prana,* composé des organes d'action comme on l'a décrit plus haut, et qu'on appelle *Pranayama Kosha.*

La matière physique, 5ème *Kosha*. La cinquième et dernière de ces enveloppes est la matière physique, la couche extérieure de l'Atome qui, devenant *anna,* nourriture, supporte ce monde visible. On l'appelle donc *Annamaya Kosha.*

Action de l'amour. L'action de la répulsion, manifestation de l'Énergie Toute-Puissante, étant ainsi complétée, l'action de l'Attraction (de l'Amour Omniprésent au tréfonds du cœur) commence à se manifester. Sous l'influence de cet Amour Omniscient, de cette Attraction, les Atomes s'attirent les uns les autres. Se rapprochant de plus en plus, ils prennent la forme éthérée, gazeuse, ignée, liquide et solide.

Le règne inanimé. C'est ainsi que ce monde visible, que nous appelons le règne inanimé de la création, se pare de soleils, de planètes et de lunes.

Le règne végétal. De cette manière, l'Amour Divin commence à bien se développer et *Avidya* ou l'Ignorance (les particules des Ténèbres, *Maya,* ou de l'Énergie Omnipotente manifestée) se met à régresser. C'est ainsi que se retire *Annamaya Kosha,* la couche extérieure de la matière physique, de l'Atome, et que *Pranayama Kosha* (l'enveloppe composée des *Karmendriyas* ou organes d'action) commence à se manifester. Dans cet état organique, les Atomes s'approchent de plus en plus de leur cœur et apparaissent comme le règne végétal de la création.

Le règne animal. Quand le *Pranayama Kosha* se retire, le *Manomaya Kosha,* l'enveloppe composée des *Jnanendriyas* (organes des sens), se fait jour. Les Atomes perçoivent alors la nature du monde extérieur. Dans la mesure où cela est nécessaire pour en tirer satisfaction, ils attirent à eux d'autres Atomes de nature différente et forment des corps. Ainsi apparaît le règne animal de la création.

L'humanité. Quand le *Manoyama Kosha* se retire, le *Jnanamaya Kosha* (le corps de l'Intelligence formé par les électricités) devient perceptible. L'Atome acquiert alors le pouvoir de discerner le bien du mal. Il devient donc l'homme, l'être rationnel de la création.

Devata ou Ange. Quand l'homme cultive en son cœur l'Esprit Divin ou l'Amour Omniscient, il est

capable de retirer ce *Jnanamaya Kosha.* Alors l'enveloppe la plus profonde, *Chitta,* le Cœur (composé des
quatre idées), se manifeste et l'homme, dans la création, s'appelle *Devata* ou Ange.

Libre, Sannyasi. Lorsque le Cœur, c'est-à-dire l'enveloppe la plus profonde, se retire également, il n'y a plus
rien pour maintenir l'homme sous l'emprise de cette
création des Ténèbres. Il devient alors libre *Sannyasi,*
Fils de Dieu, et il entre dans la création de Lumière.

SUTRAS 15, 16

स्थूलज्ञानक्रमात् सूक्ष्मविषयेन्द्रियज्ञानं स्वप्नवत् । १५ ।
तत्क्रमात् मनोबुद्धिज्ञानऽचायातमिति परोक्षम् । १६ ।

**De même que l'on trouve au réveil que les objets
de nos rêves sont sans substance, de même nos percep-
tions de l'état de veille sont irréelles. C'est seulement
une question d'inférence.**

Les états de sommeil et de veille. Quand l'homme
compare ses idées relatives à la matière physique et conçues à l'état de veille avec ses idées conçues à l'état de
rêve, leur similitude le porte naturellement à conclure
que ce monde extérieur lui aussi n'est pas ce qu'il
semble être.

Quand il en cherche une explication approfondie,
il trouve que toutes ses conceptions à l'état de veille ne
sont en substance que de simples idées causées par
l'union des cinq objets des sens (attributs négatifs des
cinq électricités internes) et des cinq organes des sens
(leurs attributs positifs) effectuée grâce aux cinq orga-

nes d'action (les attributs neutralisants des électricités).

Cette union s'effectue par l'opération de l'esprit *(Manas)*. Elle se conçoit et se comprend par l'intelligence *(Buddhi)*. Ainsi, il est clair que toutes les conceptions que l'homme forme à l'état de veille ne sont que de simples inférences *(Parokshajnana)*.

SUTRA 17

ततः सद्गुरुलाभो भक्तियोगश्च तेनापरोक्षः । १७ ।

Ce qui nous est nécessaire, c'est un Guru, un Sauveur, qui nous éveille à Bhakti (la dévotion) et à la perception de la Vérité.

Quand l'homme trouve-t-il son Sat-Guru ou Sauveur? Quand l'homme comprend, grâce à son *Parokshajnana* (inférence correcte), que ce monde extérieur n'est rien, il apprécie la situation de Jean-Baptiste. Ce personnage divin, témoin de la Lumière, rendit le témoignage du Christ, après que l'amour de son cœur, don céleste de la Nature, se fut développé.

Tout chercheur avancé et sincère peut avoir l'heureuse fortune de jouir de la divine compagnie d'un tel personnage qui a la bonté de lui servir de Précepteur Spirituel, *Sat-Guru,* Sauveur. Quand on en suit avec affection les saints préceptes, on devient capable d'intérioriser tous ses organes des sens et de les diriger sur leur centre commun, *Trikuti,* ou *Sushumnadwara,* la porte du monde intérieur. Là, on saisit la Voix comme un son particulier qui « frappe » [cette Vibration Cos-

mique qu'est] la ParoIe, *l'Amen*, *l'Aum*. Là aussi, on voit
le corps lumineux de *Radha*, envoyé de Dieu et dont
le symbole dans la Bible est le Précurseur ou Jean–
Baptiste. Voir *Apocalypse* 3:14,20 et *Jean* 1:6,8,23.

> « *Ces choses disait l'Amen, le témoin fidèle et véritable, le
> commencement de la création de Dieu... Me voici à la porte et
> je frappe ; si quelqu'un entend ma voix et ouvre la porte,
> j'entrerai chez lui et souperai avec lui et lui avec moi.* »

> « *Il y avait un homme envoyé de Dieu, dont le nom était
> Jean... Il n'était pas cette Lumière, mais était envoyé pour
> porter témoignage de cette Lumière... Il dit, Je suis la Voix de
> celui qui crie dans le désert : Faites que soit toute droite la
> route du Seigneur.* »

Le Gange, le Jamuna, le Jourdain — fleuves sacrés. La
nature particulière de ce son, qui tel un fleuve descend
d'une région supérieure inconnue pour se perdre dans
la création de la matière physique, lui a fait donner,
figurativement, par diverses sectes le nom de différents
fleuves considérés comme sacrés, par exemple, le
Gange par les Hindous, le Jamuna par les Vaishnavas[1]
et le Jourdain[2] par les Chrétiens.

La seconde naissance. Ce corps lumineux permet à
l'homme qui croit en l'existence de la vraie Lumière,
la Vie de cet univers, d'être baptisé ou absorbé dans le
courant sacré de ce son. Ce baptême est, pour ainsi
dire, la seconde naissance de l'homme. On l'appelle
Bhakti Yoga.[3] Sans lui l'homme ne pourra jamais comprendre le monde intérieur véritable, le royaume de
Dieu. Voir *Jean* 1:9 et *Jean* 3:3.

> « *Cette Lumière était la Lumière véritable qui éclaire tout*

---

[1] Adorateurs de Vishnu, Dieu dans son aspect préservateur.

[2] *Matthieu* 3:13–17.

[3] Union avec Dieu par l'Amour, l'Attraction, qui attire l'homme cons-
tamment vers le royaume de Dieu. *(Note de l'Éditeur).*

homme venant en ce monde. »

« En vérité, en vérité, je te le dis : à moins que l'homme ne naisse à nouveau, il ne peut voir le royaume de Dieu. »

Aparokshajnana, la compréhension véritable. À ce stade, le fils de l'homme commence à se repentir. Tournant le dos à la création de la matière physique, il s'avance en rampant vers sa Divinité, la Substance Éternelle, Dieu. L'Ignorance s'arrêtant dans ses développements, l'homme comprend peu à peu le véritable caractère de cette création des Ténèbres, *Maya*. Il se rend compte alors qu'elle n'est qu'un simple jeu d'idées de la Nature Suprême sur Son propre Soi, la seule Substance Véritable. Cette compréhension véritable s'appelle *Aparokshajnana*.

SUTRA 18

यदात्मनः परमात्मनि दर्शनन्ततः कैवल्यम् । १८ ।

L'émancipation *(Kaivalya)* s'obtient quand on réalise l'unité de son propre Soi avec le Soi Universel, la Suprême Réalité.

Sannyasi ou Christ, le Sauveur oint. Quand l'Ignorance se retire de toutes ses ramifications, le cœur devient parfaitement pur et limpide. Alors, non seulement il reflète la Lumière Spirituelle, mais il la manifeste activement. Étant ainsi oint et consacré, l'homme devient *Sannyasi*, libre, ou Christ le Sauveur.[1] Voir *Jean* 1:33.

[1] C'est-à-dire que l'homme fait un avec la Conscience Christique, la conscience du Père Éternel, Dieu, reflétée dans la création et immanente à la Parole, *Aum* ou Vibration Cosmique. Il est ainsi affranchi et sauvé des Ténèbres, ou *Maya*, l'illusion cosmique d'être séparé du Père. *(Note de l'Éditeur).*

> *« Celui sur qui tu verras l'Esprit descendre et demeurer,*
> *est celui qui baptise avec le Saint-Esprit. »*

Baptisé dans le courant de la Lumière. Grâce à ce Sauveur, le fils de l'homme est à nouveau baptisé dans le courant de la Lumière Spirituelle. En s'imprégnant de celle-ci, il s'élève au-dessus de la création des Ténèbres, *Maya,* et il entre dans le monde spirituel. Là, il s'unit à *Abhasa Chaitanya* ou *Purusha,* le Fils de Dieu, comme ce fut le cas du Seigneur Jésus de Nazareth. À ce stade, l'homme est à jamais sauvé de l'esclavage des Ténèbres, *Maya.* Voir *Jean* 1:12 et 3:5.

> *« Mais à tous ceux qui l'ont reçue, elle [la véritable*
> *lumière] a donné le pouvoir de devenir Fils de Dieu, même à*
> *ceux qui croient en son nom. »*

> *« En vérité, en vérité, je te le dis : à moins que l'homme*
> *ne naisse de l'eau et de l'Esprit, il ne peut entrer dans le royau-*
> *me de Dieu. »*

Le sacrifice de soi. Quand l'homme entre ainsi dans le monde spirituel et devient Fils de Dieu, il comprend la Lumière universelle, le Saint-Esprit, comme un tout parfait et son propre Soi comme une simple idée reposant sur un fragment de la Lumière *Aum.* Il se sacrifie alors au Saint-Esprit, à l'autel de Dieu. Cela signifie qu'il abandonne la vaine idée de son existence séparée et qu'il devient un tout intégral.

Kaivalya, l'union. En faisant ainsi un avec l'Esprit-Saint universel de Dieu le Père, il s'unit avec la Substance Réelle, Dieu. Cette union du Soi avec la Substance Éternelle, Dieu, s'appelle *Kaivalya.*[1] Voir *Apocalypse* 3:21.

> *« Celui qui vaincra, je le ferai asseoir avec moi sur mon*
> *trône, comme moi j'ai vaincu et me suis assis avec mon Père*
> *sur Son trône. »*

---

[1] Littéralement « isolement », indépendance ou émancipation absolue par union avec Dieu. *(Note de l'Éditeur).*

CHAPITRE II

अभीष्टम् ᛁ LE BUT

SUTRA 1

अतो मुक्तिजिज्ञासा ᛁ १ ᛁ

Donc il y a désir d'émancipation.

La libération, objectif principal. Quand l'homme comprend, même par voie de déduction, la vraie nature de la création et la vraie relation existant entre celle-ci et lui-même ; quand il comprend, en outre, que ce sont les Ténèbres *(Maya)* qui le rendent complètement aveugle et que cet état d'esclavage vis-à-vis des Ténèbres lui fait oublier son vrai Soi et lui apporte toutes ses souffrances, il désire naturellement être soulagé de tous ces maux. Être soulagé du mal ou libéré de l'esclavage de *Maya* devient alors l'objectif principal de sa vie.

SUTRA 2

मुक्तिः स्वरूपेऽवस्थानम् ᛁ २ ᛁ

Se libérer, c'est établir le *Purusha* (*Jiva*, l'âme) dans le vrai Soi.

Résider dans le Soi, c'est la libération. Quand l'homme s'élève au-dessus de la création-idée de ces Ténèbres,

Maya, et qu'il échappe complètement à son influence, il se libère alors de son état d'esclavage et il s'installe dans son vrai Soi, l'Esprit Éternel.

SUTRA 3

तदा सर्वक्लेशनिवृत्तिः परमार्थसिद्धिश्च । ३ ।

Il y a alors cessation de toute souffrance et atteinte du but suprême (la véritable satisfaction, la réalisation de Dieu).

La libération est le salut. En atteignant cette libération, l'homme est soulagé de toutes ses peines et tous les désirs de son cœur sont satisfaits. Il réalise ainsi le but suprême de sa vie.

SUTRA 4

इतरत्र अपूर्णकामजन्मजन्मान्तरव्यापि दुःखम् । ४ ।

Sinon, vie après vie, l'homme éprouve la détresse de voir ses désirs insatisfaits.

Pourquoi l'homme souffre-t-il ? Mais aussi longtemps que l'homme s'identifie avec son corps physique et qu'il n'arrive pas à trouver le repos dans son vrai Soi, il ressent toutes les choses qui lui manquent, les désirs de son cœur restant insatisfaits. Pour satisfaire ces derniers, il doit apparaître souvent, en chair et en os, au théâtre de la vie et, sujet à l'influence des Ténèbres, *Maya,* il doit endurer toutes les tribulations de la vie et de la mort, non seulement en cette vie-ci, mais aussi dans ses vies futures.

SUTRAS 5, 6

क्लेशोंऽविद्यामातृकः । ५ ।

भावेंऽभावोंऽभावं भाव इत्येवं बोधोंऽविद्या । ६ ।

Les tribulations ont pour origine *Avidya*, l'Igno-rance. L'Ignorance est la perception de l'inexistant et la non-perception de l'Existant.

Qu'est-ce que l'Ignorance ? L'Ignorance *(Avidya)* est la conception fausse ou erronée de l'existence de ce qui n'existe pas. À cause de l'Ignorance, l'homme croit que la création physique est la seule chose qui existe sub-stantiellement et qu'il n'y a rien au-delà d'elle. Il oublie que cette création physique n'est rien du tout en sub-stance, mais qu'elle est seulement un jeu d'idées au sein de l'Esprit Éternel, la seule Substance Véritable, laquelle est au-delà de la compréhension de la création physique. Cette Ignorance est non seulement un mal en soi-même, mais aussi la source de tous les autres maux de l'homme.

SUTRAS 7 – 12

तद्वैवावरणविक्षेपशक्ति विशिष्टत्वात्

क्षेत्रमस्मिताभिनिवेशरागद्वेषाणाम् । ७ ।

तस्यावरणशक्तेरस्मिताभिनिवेशौ विक्षेपशक्तेश्च रागद्वेषौ ।८ ।

स्वामिशक्त्योरविविक्तज्ञानमस्मिता । ९ ।

प्राकृतिकसंस्कारमात्रमभिनिवेशः । १० ।

सुखकरविषययतृष्णा रागः । ११ ।

दुःखकरविषयत्यागतृष्णा द्वेषः । १२ ।

Avidya, l'Ignorance, ayant le double pouvoir de la polarité, se manifeste par l'égoïsme, l'attachement, l'aversion, et la ténacité (aveugle).

Le pouvoir obscurcissant de *Maya* produit l'égoïsme et la ténacité (aveugle) ; le pouvoir polarisant de *Maya* produit l'attachement (attraction) et l'aversion (répulsion).

L'égoïsme résulte d'un manque de discernement entre le corps physique et le Soi véritable.

La ténacité est le résultat d'une dépendance à l'égard de la Nature (on croit que la Nature et ses lois sont souveraines alors que les pouvoirs de l'Âme sont la cause de tout).

L'attachement est la soif des objets procurant le bonheur.

L'aversion est le désir d'éliminer les objets qui procurent le malheur.

L'Ignorance est la source de tous les maux. Pour comprendre que l'Ignorance est la source de tous les maux, on doit se rappeler (comme on l'a expliqué dans le chapitre précédent) que l'Ignorance, *Avidya,* n'est rien d'autre qu'une particule des Ténèbres *(Maya),* avec les deux propriétés de *Maya* qu'elle possède.

La première de ces propriétés est le pouvoir obscurcissant de *Maya.* Lorsqu'on est sous son influence, on est incapable de saisir ce qui est au-delà de la création physique. Ce pouvoir obscurcissant produit *Asmita,* ou égoïsme (identification du Soi avec ce corps physique), qui n'est autre que le développement de l'Atome (particules de la force universelle) ; et *Abhini-vesa* ou ténacité aveugle à croire en la validité et en la valeur suprême de la création physique.

L'Ignorance ou *Avidya* en son état polarisé, en vertu de la seconde propriété de *Maya,* produit l'attrac-

tion pour certains objets et la répulsion pour d'autres.
Les objets ainsi attirés sont les objets procurant le
plaisir, pour lesquels se forme un attachement *(Raga)*.
Les objets repoussés sont les objets produisant la souffrance, pour lesquels se forme une aversion *(Dwesha)*.

SUTRA 13

क्लेशमूलं कर्म्म तद्विपाक एव दुःखम् । १३ ।

**La souffrance prend racine dans les actions
égoïstes, qui (étant fondées sur des illusions) conduisent l'âme vers la misère.**

Pourquoi l'homme est-il-enchaîné ? Sous l'influence de
ces cinq maux — l'Ignorance, l'Égoïsme, l'Attachement, l'Aversion et la Ténacité (attachement opiniâtre
à la création physique) — l'homme est amené à s'en-
gager dans des travaux égoïstes qui, naturellement, le
font souffrir.

SUTRAS 14, 15

सर्वदुःखानां निवृत्तिरित्यर्थः । १४ ।
निवृत्तावप्यनुवृत्त्यभावः परमः । १५ ।

**Le but de l'homme est de se libérer complètement
de ses maux. Aussi, lorsqu'il bannit toutes ses souffrances, le retour de celles-ci devenant alors impossible, il atteint le but le plus élevé.**

Le but suprême de l'homme. Bannir toute souffrance,
c'est *Artha,* l'objectif immédiat du cœur humain. Les
bannir complètement, au point qu'il leur soit impossible de revenir, c'est *Paramartha,* le but suprême de
l'homme.

SUTRAS 16 – 21

सर्वकामपूर्णत्वं सर्वदुःखमूलक्लेशनिवृत्तिः तदा
    परमार्थसिद्धिः । १६ ।
सच्चिदानन्दमयत्वप्राप्तिरिति स्थिरकामाः । १७ ।
सद्गुरुदत्तसाधनप्रभावात् चित्तस्य प्रसाद एवानन्दः । १८ ।
ततः सर्वदुःखानां हानन्तदा सर्वभावोदयश्चित् । १९ ।
तत आत्मनो नित्यत्वोपलब्धिः सत् । २० ।
तदेव स्वरूपं पुरुषस्य । २१ ।

L'existence, la conscience et la félicité sont les trois
grands désirs (du cœur humain).

Ananda, la félicité, est le contentement du cœur.
On l'atteint en suivant les voies et moyens suggérés par
le Sauveur, le *Sat-Guru.*

Chit, la conscience véritable, opère la destruction
complète de tous les maux et l'apparition de toutes les
vertus.

On atteint *Sat,* l'existence, quand on réalise l'état
permanent de l'âme.

Ces trois qualités constituent la véritable nature de
l'homme.

On réalise *Paramartha,* le but suprême, quand on
satisfait tous ses désirs et qu'on élimine toutes ses
souffrances.

Les véritables nécessités. Par nature, l'homme ressent un grand besoin de *Sat*, l'Existence, de *Chit*, la Conscience, et de *Ananda*, la Félicité. Voilà les trois besoins véritables du cœur de l'homme. Ils sont sans rapport avec tout ce qui est extérieur au Soi. Ce sont les propriétés essentielles de sa propre nature, comme on l'a expliqué au chapitre précédent.

Comment l'homme atteint-il la Félicité ? Quand l'homme a la bonne fortune de gagner la faveur d'un divin personnage (*Sat-Guru*, le Sauveur) et qu'il en suit avec affection les préceptes sacrés, il peut tourner en dedans toute son attention. Il devient capable de satisfaire toutes les exigences de son cœur et ainsi obtenir le contentement [du cœur, c'est-à-dire], *Ananda*, la Véritable Félicité.

Comment la Conscience apparaît-elle ? Le cœur étant ainsi satisfait, l'homme devient capable de fixer son attention sur tout ce sur quoi il a choisi de la porter et il peut donc en comprendre tous les aspects. Voilà comment se développe progressivement *Chit*, la Conscience de toutes les manifestations de la Nature, jusqu'à sa toute première manifestation, la Parole *(Amen, Aum)* et même jusqu'à son propre Soi Véritable. C'est en s'absorbant dans le courant de *l'Aum* que l'homme est baptisé et qu'il commence à se repentir. Il retourne alors à sa Divinité, le Père Éternel [état de conscience] duquel il est tombé. Voir *Apocalypse* 2:5.

« Souviens-toi donc d'où tu es tombé et repens-toi. »

Comment réalise-t-on l'Existence ? Quand l'homme prend conscience de la nature de cette création des Ténèbres, *Maya*, et de sa place véritable en celle-ci, il arrive à obtenir un pouvoir absolu sur elle. Il se débarrasse alors peu à peu de l'Ignorance, dans toutes ses

ramifications. En se libérant ainsi de l'emprise de la
création des Ténèbres, il comprend que son propre Soi
est la Substance Réelle Indestructible et Toujours–
Existante. Voilà comment *Sat,* l'Existence du Soi, se fait
jour.

Comment atteindre l'objectif principal du cœur ?
Toutes les exigences du cœur — *Sat,* l'Existence, *Chit,*
la Conscience, et *Ananda,* la Félicité — étant satisfaites,
l'Ignorance, mère de tous les maux, perd toute vitalité.
En conséquence, toutes les difficultés de ce monde
matériel, source de toutes sortes de souffrances, cessent
pour toujours. Ainsi se réalise le but suprême du cœur.

SUTRA 22

तदा सर्वकामपूर्णोपरमार्थसिद्धिकात् गुणानाम्प्रतिप्रसव
आत्मनः स्वरूपप्रतिष्ठा. तदेव कैवल्यम् । २२ ।

**Quand l'homme réalise pleinement sa nature, il
n'est pas seulement le reflet de la lumière divine, mais
il s'unit activement avec l'Esprit. Cet état est *Kaivalya,*
l'union.**

Comment l'homme trouve-t-il le salut ? À ce stade [de
développement], le cœur, ayant satisfait toutes ses exigences et réalisé son but suprême, devient parfaitement
pur. Au lieu de refléter simplement la lumière spirituelle, il la manifeste activement. Ainsi oint ou consacré
par le Saint-Esprit, il devient Christ, le Sauveur oint.
Entrant dans le royaume de la Lumière Spirituelle, il
devient le Fils de Dieu.

En cet état [de conscience], l'homme comprend
que son Soi est un fragment de l'Esprit-Saint Universel.

Il abandonne alors la vaine idée de son existence sépa-rée et il s'unit à l'Esprit Éternel, c'est-à-dire il devient un avec Dieu le Père. Cette union du Soi avec Dieu est *Kaivalya,* le but suprême de tous les êtres de la création. Voir *Jean* 14:11.

> *« Croyez-moi, je suis dans le Père, et le Père est en moi. »*

CHAPITRE III

साधनम् **LA MARCHE À SUIVRE**

SUTRAS 1 – 4

तप:स्वाध्यायब्रह्मनिधानानि यज्ञ: । १ ।
मात्रास्पर्शंपू तितिक्षा तप: । २ ।
आत्मतत्त्वोपदेशश्रवणमनननिदिध्यासनमेव स्वाध्याय: । ३ ।
प्रणवशब्द एव पन्था ब्रह्मण: तस्मिन्
        आत्मसमर्पणं ब्रह्मनिधानम् । ४ ।

Yajna, le sacrifice, signifie pénitence *(Tapas)*, étude approfondie *(Swadhyaya)* et pratique de la méditation sur *l'Aum (Brahmanidhana)*.

La pénitence est la patience ou égalité d'humeur en toutes circonstances (équanimité devant les oppositions essentielles de *Maya* : chaud et froid, plaisir et peine, etc.).

Swadhyaya consiste à lire ou à écouter la vérité spirituelle, à y réfléchir et à s'en faire une idée bien définie.

(La méditation sur) *Pranava*, le son divin de *l'Aum*, est la seule voie conduisant à Brahman (l'Esprit) ou salut.

Où la patience, la foi et les saintes œuvres sont expliquées. *Tapas* est la mortification religieuse ou patience, dans les joies comme dans les peines. *Swadhyaya* est *Sravana*, l'étude, avec *Manana*, profonde attention. Il en découle *Nididhyasana*, l'idée de la vraie foi concernant le Soi, c'est-à-dire, que suis-je ? d'où suis-je venu ? où vais-je ? pourquoi suis-je venu ? et autres questions semblables concernant le Soi. *Brahmanidhana* est le baptême ou absorption du Soi dans le courant du Son sacré *(Pranava, Aum)*. C'est la sainte œuvre qu'on accomplit en vue d'obtenir le salut et c'est la seule façon, pour l'homme, de retrouver sa Divinité, [état de conscience] duquel il est tombé. Voir *Apocalypse* 2:19.

> « *Je connais tes œuvres, et ta charité, et tes services, et ta foi, et ta patience, et tes œuvres, les dernières plus nombreuses que les premières.* »

SUTRAS 5, 6

श्रद्धावीर्यस्मृतिसमाधप्रज्ञानुष्ठानात् तस्याविर्भावः । ५ ।
स्वभावजप्रेम्णः वेगतीव्रता श्रद्धा । ६ ।

On entend l'Aum quand on cultive *Sraddha* **(l'amour naturel du cœur),** *Virya* **(le courage moral),** *Smriti* **(le souvenir de sa propre divinité) et** *Samadhi* **(la véritable concentration).**

Sraddha est le développement de l'amour naturel du cœur.

Comment apparaît le Son sacré ? Ce Son sacré *Pranava Sabda* apparaît spontanément quand on cultive *Sraddha,* la tendance énergétique de l'amour naturel du cœur ; *Virya,* le courage moral ; *Smriti,* la vraie conception ; et *Samadhi,* la concentration véritable.

La vertu de l'amour. L'amour naturel du cœur est la principale condition requise pour atteindre une vie sainte. Quand cet amour, don céleste de la Nature, apparaît dans le cœur, il supprime dans l'organisme toutes les causes d'excitation, il ramène celui-ci à un état normal de calme parfait, il en fortifie les pouvoirs vitaux et il chasse ainsi de ce dernier, par les voies naturelles (transpiration, etc.), toutes les substances étrangères, germes de maladie. Il donne ainsi à l'homme une santé parfaite, physiquement et mentalement, et il le rend capable de comprendre correctement les indications de la Nature.

Quand cet amour se développe, il rend l'homme capable de comprendre la véritable place de son propre Soi, comme celle des autres qui l'entourent.

Grâce à cet amour développé, l'homme a le bonheur d'obtenir la sainte compagnie de divins personnages et il est sauvé pour toujours. Mais sans cet amour, il ne peut pas mener une vie naturelle ni demeurer en compagnie de la personne capable de lui assurer son propre bien-être. Comprenant mal les directives de la Nature, il introduit dans son organisme des substances étrangères qui l'excitent et il se met à souffrir physiquement et mentalement. Il ne peut jamais trouver la moindre paix et sa vie devient un fardeau. Cultiver cet amour, don céleste, est donc la principale condition requise pour atteindre le salut sacré. Il est impossible à l'homme d'avancer d'un pas vers celui-ci sans cet amour. Voir *Apocalypse* 2:2 – 4.

> « *Je connais tes œuvres, ton travail et ta persévérance. Je sais que tu ne peux pas supporter les méchants ; que tu as éprouvé ceux qui se disent apôtres et qui ne le sont pas, et que tu les as trouvés menteurs.*
>
> « *Et que tu as de la persévérance, que tu as souffert à cause de mon nom, et que tu ne t'es pas lassé.*
>
> « *Mais ce que j'ai contre toi, c'est que tu as abandonné ton premier amour.* »

SUTRAS 7, 8

श्रद्धासेवितसद्गुरोः स्वभावजोपदेशपालने वीर्य्यलाभः । ७ ।
सर्व एव गुरवः सन्तापहारकाः संशयच्छेदकाः शान्तिप्रदायकाः
सत् तत्सङ्गः ब्रह्मवत् करणीयः, विपरीतमसत्
विषवद्वर्जनीयम् । ८ ।

Le courage moral *(Virya)* vient quand on dirige son amour sur le guru *(Sraddha)* et qu'on suit avec affection ses instructions.

Ceux qui aplanissent nos difficultés, chassent nos doutes et nous accordent la paix sont de vrais maîtres. Ils accomplissent un travail divin. Au contraire, ceux qui augmentent nos doutes et nos difficultés sont à éviter comme le poison, car ils font beaucoup de mal.

Comme on l'a expliqué au chapitre précédent, cette création n'est, en substance, rien d'autre qu'un jeu d'idées de la Nature au sein de la seule Substance Réelle, Dieu, le Père Éternel, qui est le Guru — le Souverain — de cet univers. Dans la création, il n'y a, par conséquent, pas d'autre substance que ce Guru, le Père Suprême, Dieu Lui-Même. Sa pluralité se perçoit dans la multiplicité des aspects du jeu de la Nature. Voir *Jean* 10:34 et *Psaumes* 82:6.

> *« Jésus leur répondit : N'est-il pas écrit dans votre loi : J'ai dit : Vous êtes des dieux ? »*
>
> *« J'ai dit : Vous êtes des dieux ; et vous êtes tous des fils du Très-Haut. »*

Dans toute la création, l'objet qui nous soulage de nos misères, dissipe nos doutes et nous procure la paix, qu'il soit animé ou inanimé, et quelque insignifiant qu'il soit, a droit à notre plus grand respect. Même s'il est pour autrui l'objet du plus vil mépris, on doit l'accepter comme *Sat* (Sauveur) et sa compagnie comme divine. Tout ce qui produit des résultats opposés, détruisant notre paix, nous plongeant dans le doute et créant nos souffrances, doit être considéré comme *Asat,* le fléau de tout bien. On doit, en tant que tel, l'éviter. Les sages de l'Inde ont un dicton :

अप्सु देवो मनुष्याणां दिवि देवो मनीषिणाम् ।
काष्ठलोष्ट्रेषु मूर्खाणां युक्तस्यात्मनि देवता ॥

[Les déités existent dans l'eau (c'est-à-dire dans les éléments naturels), selon les uns, ou bien dans les cieux (le monde astral), selon les personnes instruites ; l'ignorant les cherche dans le bois ou la pierre (c'est-à-dire dans les images ou les symboles). Mais le yogi, lui, réalise Dieu dans le sanctuaire de son propre Soi.]

Pour obtenir le salut, les hommes choisissent comme Sauveur les objets qu'ils sont capables de comprendre en fonction de leur propre état d'évolution. Ainsi, on pense en général que la maladie est une calamité ; et que l'eau, administrée convenablement, tend à faire disparaître la maladie. Il se peut donc que l'ignorant choisisse l'eau elle-même comme Divinité.

Les sages, étant capables de comprendre la Lumière électrique interne qui brille en eux-mêmes, trouvent que l'amour de leur cœur se dirige avec dynamisme vers cette Lumière qui les soulage de toutes les causes d'excitation, ramène leur organisme à un état normal de calme et, fortifiant leurs pouvoirs vitaux, leur donne une santé parfaite, physiquement comme mentalement. Ils acceptent donc cette Lumière comme leur Divinité ou Sauveur.

L'ignorant, en sa foi aveugle, accepterait bien comme Sauveur ou Divinité un morceau de bois ou une pierre de la création extérieure, pour lequel l'amour naturel de son cœur se développerait, jusqu'à ce que cet objet, par son dynamisme, le soulage de toutes les causes d'excitation, ramène son organisme à un état normal de calme et fortifie ses pouvoirs vitaux. En revanche, l'adepte, qui a une maîtrise complète sur tout le monde physique, trouve sa Divinité ou son Sauveur dans le Soi, et non en dehors de celui-ci, dans le monde extérieur.

Considérez le Guru avec profond amour. Rester en compagnie du Guru ne consiste pas seulement à être en sa présence physique (ce qui est parfois impossible), mais aussi et surtout à le garder en son cœur, à s'accorder complètement avec ses principes et à vibrer à l'unisson avec lui.

Cette pensée a été exprimée par Bacon : « La foule n'est pas une compagnie à avoir, car ce n'est qu'une galerie de visages. » Rester en compagnie de l'objet divin consiste donc à associer celui-ci à *Sraddha,* l'amour du cœur développé dans le sens expliqué ci-dessus. [On y arrive] quand on garde toujours à l'esprit l'apparence et les attributs du Guru, qu'on médite sur eux et qu'on suit ses instructions avec affection et avec la docilité d'un agneau. Voir *Jean* 1:29.

> « *Voici l'agneau de Dieu, qui ôte les péchés du monde.* »

Quand on agit de la sorte et qu'on devient capable de concevoir la condition sublime de ses divins frères, on peut avoir la bonne fortune de rester en leur compagnie et d'obtenir l'aide de l'un d'entre eux, qu'on est libre de choisir comme Précepteur Spirituel, *Sat-Guru,* ou Sauveur.

Donc, pour résumer, *Virya,* le courage moral, peut

s'obtenir en cultivant *Sraddha,* c'est-à-dire en consa-
crant l'amour naturel du cœur à son Précepteur, en
étant toujours en sa compagnie (au sens intérieur déjà
expliqué) et en suivant avec affection ses saintes instructions, tout comme elles sont données, librement et
spontanément.

SUTRAS 9 – 11

तद्वीर्यं यमनियमानुष्ठानत् दृढभूमिः । ६ ।
अहिंसासत्यास्तेयब्रह्मचर्यापरिग्रहाद्यो यमः । १० ।
शौचसन्तोषसद्गुरूपदेशपालनाद्यः नियमः । ११ ।

**Le courage moral se fortifie par l'observance de
Yama (moralité ou maîtrise de soi) et de *Niyama* (rè-
gles religieuses).**

***Yama* comprend l'absence de cruauté envers
autrui, la véracité, l'absence de vol et de convoitise, et
la continence.**

***Niyama* signifie la pureté du corps et de l'esprit, le
contentement [du cœur] en toutes circonstances et
l'obéissance (aux instructions du guru).**

Il est possible d'affirmer le courage moral en cultivant *Yama,* les abstentions religieuses : abstention de
toute cruauté, de malhonnêteté, de convoitise, de vie
non conforme à la Nature et de possessions superflues ;
et en cultivant *Niyama,* les observances religieuses : la
pureté du corps et de l'esprit (nettoyage du corps, extérieurement et intérieurement, de façon à le débarrasser
de toutes les substances étrangères qui, par leur fer-
mentation, y créent différentes sortes de maladies, et
nettoyage de l'esprit, afin de le débarrasser de tous les
préjugés et de tous les dogmes, qui le rendent étroit),

contentement [du cœur] en toutes circonstances et
obéissance aux saints préceptes des divins personnages.

Pour comprendre ce qu'est la vie naturelle, il est
nécessaire de la distinguer de ce qui n'est pas naturel.

Qu'est-ce-que la vie naturelle ? La vie dépend du
choix (1) de la nourriture, (2) du lieu de séjour et (3)
des personnes que l'on fréquente. Pour vivre selon la
nature, les animaux inférieurs peuvent faire eux-mêmes
ce choix, grâce à leur instinct et aux sentinelles naturelles placées aux entrées sensorielles, c'est-à-dire aux
organes de la vue, de l'ouïe, du toucher, de l'odorat et
du goût. Mais chez l'homme, ces organes sont en
général tellement dénaturés par le genre de vie qu'il a
mené depuis sa tendre enfance qu'on ne peut guère se
fier à leur jugement. Force est donc, pour comprendre
ce que sont nos besoins naturels, de dépendre de l'observation, de l'expérimentation et du raisonnement.

Quelle est la nourriture naturelle de l'homme ? Pour
déterminer quelle est notre nourriture naturelle, nos
observations doivent porter tout d'abord sur la formation des organes de la nutrition et de la digestion, les
dents et le tube digestif, puis sur la tendance naturelle
des organes des sens qui guident les animaux vers leurs
aliments et enfin sur la nourriture des tout-petits.

Observation des dents. Si l'on observe les dents, on
trouve, chez les carnivores, que les incisives sont peu
développées, mais que les canines sont d'une longueur
impressionnante, lisses et pointues, pour saisir les
proies. Les molaires sont aussi pointues. Ces pointes,
toutefois, ne se rencontrent pas, mais s'ajustent étroite-
ment bord à bord pour séparer les fibres musculaires.

Chez les herbivores, les incisives sont remarquable-
ment développées, mais les canines sont réduites (par-

fois elles sont énormes, comme les défenses des élé-
phants), les molaires ont une large surface et ne sont
émaillées que latéralement.

Chez les frugivores, toutes les dents sont presque
de la même hauteur. Les canines sont peu saillantes,
coniques et émoussées (elles ne sont évidemment pas
destinées à saisir les proies, mais à exercer de la force).
Les molaires ont une large surface, avec des replis
émaillés pour résister à l'usure causée par les mouve-
ments latéraux, mais elles ne sont pas pointues, afin de
pouvoir mâcher la viande.

En revanche, chez les omnivores, comme les ours,
les incisives ressemblent à celles des herbivores, les canines à celles des carnivores et les molaires sont à la
fois larges et pointues pour servir aux deux fins [notées
plus haut].

Si l'on observe maintenant la dentition de l'homme, on voit qu'elle ne ressemble pas à celle des carnivores, ni à celle des herbivores, ni à celle des omnivores, mais qu'elle ressemble exactement à celle des
frugivores. On en déduit donc avec raison que l'homme est un animal frugivore ou mangeur de fruits.[1]

Observation du tube digestif. Si l'on observe le tube
digestif, on voit que l'intestin des carnivores a de 3 à 5
fois la longueur de leur corps, mesuré de la bouche à
l'anus ; leur estomac est presque sphérique. L'intestin
des herbivores a de 20 à 28 fois la longueur de leur
corps ; leur estomac est plus allongé et de structure
complexe. Mais l'intestin des frugivores a de 10 à 12
fois la longueur de leur corps ; leur estomac est un tout

[1] Les fruits sont tous les produits de la vie végétale utiles à l'homme.
Le régime fructivore dont parle Swami Sri Yukteswar comprend donc
les légumes, les céréales, les amandes, noix, noisettes et autres types
d'amandes comestibles. *(Note de l'Éditeur).*

petit peu plus large que celui des carnivores et se continue par le duodénum qui joue le rôle d'un second estomac.

C'est exactement la conformation que l'on trouve chez l'être humain, bien que l'anatomie dise que l'intestin de l'homme a de 3 à 5 fois la longueur du corps, commettant l'erreur de mesurer le corps humain de la tête aux pieds, au lieu de la bouche à l'anus. On peut donc à nouveau conclure que l'homme est, selon toute probabilité, un animal frugivore.

Observation des organes des sens. Si l'on observe la tendance naturelle des organes des sens (les indicateurs qui déterminent ce qui est nourrissant) qui dirigent tous les animaux vers leur nourriture, on voit que lorsque les carnivores trouvent leur proie, ils sont si heureux que leurs yeux se mettent à briller. Ils la saisissent hardiment et lapent avidement le sang qui en jaillit.

Les herbivores, au contraire, refusent même leur nourriture habituelle, la laissant sans y toucher, si elle est un peu souillée de sang. Leurs sens de l'odorat et de la vue les conduisent à choisir comme nourriture les herbes et d'autres plantes, qu'ils savourent avec délice. De même, avec les frugivores, on trouve que leurs sens les dirigent toujours vers les fruits des arbres et des champs.

Chez les hommes de toutes les races, on voit que les sens de l'odorat, de l'ouïe et de la vue ne les conduisent jamais à égorger des animaux. Au contraire, ils ne peuvent même pas supporter la vue de tels massacres. On recommande toujours d'avoir les abattoirs le plus loin des villes et l'on passe souvent des arrêtés qui interdisent strictement le transport à découvert de la viande de boucherie. Peut-on donc considérer que la viande est la nourriture naturelle de l'homme, quand à la fois ses yeux et son nez y sont si hostiles, à moins que son goût n'ait été dénaturé par les épices, le sel et le sucre ?

D'un autre côté, que nous trouvons délicieuse l'odeur des fruits, dont la seule vue nous fait souvent venir l'eau à la bouche ! On doit aussi noter que les céréales et les racines variées possèdent une odeur et un goût agréables, bien que peu marqués, même si elles ne sont pas préparées. On est ainsi de nouveau amené à conclure de ces observations que l'homme est destiné à être un animal frugivore.[1]

Observation de la nourriture des tout-petits. Si l'on observe la nourriture des tout-petits, on trouve que le lait est sans aucun doute la nourriture du nouveau-né. Les seins de la mère ne fournissent pas beaucoup de lait, si elle ne prend pas comme nourriture naturelle des fruits, des céréales et des légumes.

Cause de la maladie. La seule conclusion que l'on puisse donc raisonnablement tirer de ces observations est que les différents fruits, céréales, racines et — comme boissons — le lait et l'eau pure, celle-ci exposée directement à l'air et au soleil, sont incontestablement la meilleure nourriture de l'homme. Comme ces aliments conviennent à l'organisme, quand on les prend selon la capacité des organes digestifs, qu'on les mâche bien et qu'on les imprègne bien de salive, on les assimile toujours facilement.

---

[1] « Et Dieu dit : Voici, je vous donne toute l'herbe portant de la semence et qui est à la surface de toute la terre, et tout arbre ayant en lui du fruit d'arbre et portant de la semence : ce sera votre nourriture. » *Genèse* 1:29 *(Note de l'Éditeur).*

Les autres aliments ne sont pas naturels pour l'homme et, ne convenant pas à son organisme, ils lui sont forcément étrangers. Quand ils entrent dans l'estomac, ils ne sont pas proprement assimilés. Mêlés au sang, ils s'accumulent dans les organes de l'excrétion et dans les autres organes qui ne leur sont pas proprement adaptés. Quand ils ne peuvent pas trouver de sortie, ils se déposent, selon la loi de la pesanteur, dans les fissures des tissus et ils produisent en fermentant les maladies, mentales et physiques, qui le conduisent finalement à la mort prématurée.

Le développement de l'enfant. L'expérimentation prouve aussi que le régime naturel et non-irritant pour le végétarien est, presque sans exception, admirablement approprié au développement à la fois physique et mental de l'enfant. Son esprit, sa compréhension, sa volonté, ses principales facultés, son caractère et sa disposition générale se développent, eux aussi, convenablement.

La vie naturelle calme les passions. Lorsqu'on a recours à des moyens extraordinaires, tels que le jeûne excessif, la flagellation ou le confinement monastique, en vue de supprimer les passions sexuelles, on trouve que ces moyens produisent rarement l'effet désiré. Toutefois l'expérimentation montre que l'homme peut facilement dominer ces passions, les ennemis farouches de la moralité, quand il mène une vie naturelle et qu'il suit un régime non-irritant, comme on l'a indiqué ci-dessus. Il obtient ainsi le calme mental, que tous les psychologues savent être très favorable à la claire compréhension aussi bien qu'au discernement.

Le désir sexuel. On doit parler ici davantage de l'instinct naturel de reproduction qui, immédiatement après l'instinct de conservation, est l'instinct le plus fort du corps animal. Comme tous les autres désirs, le désir sexuel a un état normal et un état anormal ou maladif. Ce dernier est uniquement le résultat des substances étrangères accumulées par une vie non naturelle, comme on l'a dit plus haut. Dans le désir sexuel, on a donc un thermomètre très précis de son état de santé. Ce désir sort de son état normal quand les nerfs sont irrités du fait de la pression sur l'appareil sexuel des substances étrangères accumulées dans l'organisme. Cette pression se manifeste d'abord par une augmentation du désir sexuel et ensuite par une diminution progressive de la puissance sexuelle.

Le désir sexuel normal libère entièrement l'homme des passions excessives. Il agit rarement sur l'organisme (éveil d'un désir d'apaisement). Ici aussi, l'expérimentation montre que ce désir, comme tous les autres désirs, est toujours normal chez les personnes qui mènent une vie naturelle, telle qu'on l'a décrite.

La racine de l'arbre de vie. L'organe sexuel — situé à la jonction d'importantes extrémités nerveuses, particulièrement les nerfs sympathiques et spinaux (les principaux nerfs de l'abdomen) qui, par leur connexion avec le cerveau, sont capables de stimuler tout l'organisme — est dans un sens, la racine de l'arbre de vie. L'homme à qui on a appris à avoir une vie sexuelle normale peut garder le corps et l'esprit en bonne santé et passer toute sa vie agréablement.

On n'enseigne pas ces principes pratiques de santé sexuelle, parce que le public considère ce sujet comme impur et indécent. L'humanité, ainsi aveuglée, se permet de recouvrir d'un voile la Nature, parce que celle-ci lui semble impure, oubliant que la Nature est toujours propre et que ce qui est impur et impropre réside dans l'esprit de l'homme et non point dans la Nature elle-même.

Il est donc clair que l'homme qui ignore la vérité sur les dangers auxquels conduit le mauvais usage de sa force sexuelle et qui est contraint de se livrer à des excès à cause de l'irritation nerveuse due à une vie non naturelle, souffre, dans sa vie, de maladies qui le tourmentent et il finit par être victime de mort prématurée.

Le lieu de séjour. Parlons, en second lieu, du lieu de séjour. Quand après avoir respiré l'air pur de la montagne ou des champs ou des jardins on entre dans une pièce remplie de monde, on éprouve une sensation désagréable. Un tel exemple permet facilement de comprendre que l'atmosphère des villes ou de tout endroit peuplé n'est aucunement le lieu de séjour naturel de l'homme. Mais l'atmosphère pure des montagnes, des champs ou des jardins, ou encore d'un endroit sec et bien aéré à l'ombre d'arbres couvrant un grand morceau de terre est le lieu de séjour qui, selon la Nature, convient à l'homme.

Le genre de personnes à fréquenter. En troisième et dernier lieu, considérons le genre de personnes que nous devons fréquenter. Ici aussi, si l'on écoute la voix de sa conscience et que l'on consulte ses tendances naturelles, on voit tout de suite qu'on préfère les personnes dont le magnétisme nous affecte harmonieusement, qui calment notre organisme, fortifient notre vitalité intérieure, développent notre amour naturel et ainsi nous soulagent de nos misères et nous procurent la paix. Cela revient à dire qu'on doit chercher la compagnie de *Sat,* ou Sauveur, et éviter celle d'*Asat,* décrite plus haut.

Si l'on garde la compagnie de *Sat* (le Sauveur), on pourra jouir d'une santé parfaite, physiquement et mentalement, et notre vie se prolongera. En revanche, si l'on désobéit aux avertissements de Mère Nature, que l'on n'écoute pas la voix pure de sa conscience et qu'on demeure en compagnie de tout ce qui répond au nom d'*Asat,* l'effet contraire se produira : notre santé s'altérera et notre vie se raccourcira.

Nécessité de la vie naturelle et de la pureté. Ainsi la vie naturelle aide à pratiquer *Yama,* les abstentions religieuses expliquées antérieurement. Comme la pureté de l'esprit et du corps est tout aussi importante dans la pratique de *Niyama,* les observances religieuses expliquées ci-dessus, on devra tout faire pour atteindre cette pureté.

SUTRAS 12 – 18

ततः पाशक्षयः । १२ ।

घृणालज्जाभयशोकजुगुप्साजातिकुलमानाः पाशाष्टकम् । १३ ।

तदा चित्तस्य महत्त्वम् वीर्त्वं वा । १४ ।

गार्हस्थ्याश्रमोपयोग्यासनप्राणायामप्रत्याहारसाधनेषु

　　योग्यता च । १५ ।

स्थिरसुखमासनम् । १६ ।

प्राणानां संयमः प्राणायामः । १७ ।

इन्द्रियाणामन्तर्मुखत्वंप्रत्याहारः । १८ ।

De là disparaît la servitude.

Les huit servitudes ou pièges sont la haine, la honte, la peur, l'affliction, l'esprit critique, les préjugés de race, la fierté de son pedigree et la suffisance.

Éliminer ces huit servitudes conduit à la grandeur d'âme.

On se qualifie alors pour pratiquer *l'Asana*, le *Pranayama* et le *Pratyahara* ; et pour jouir de la vie de chef de famille (en satisfaisant tous ses désirs et ainsi en se débarrassant d'eux).

Asana signifie posture immobile et agréable du corps.

Pranayama signifie maîtrise du *prana*, de la force vitale.

Pratyahara signifie intériorisation, les organes des sens ne se portant plus vers les objets extérieurs.

Les huit vilenies du cœur. La fermeté du courage moral, une fois atteinte, élimine tous les obstacles sur le chemin du salut. Ces obstacles sont au nombre de huit — la haine, la honte, la peur, l'affliction, l'esprit critique, les préjugés de race, la fierté de son pedigree et la suffisance — et, à eux huit, constituent les vilenies du cœur humain.

Éveil à la grandeur d'âme. L'élimination de ces huit obstacles ouvre la voie à *Viratwam* ou *Mahattwam* (la grandeur d'âme), ce qui qualifie l'homme pour pratiquer *l'Asana* (adoption d'une posture immobile et agréable), le *Pranayama* (maîtrise du *prana* ou électricités nerveuses involontaires) et le *Pratyahara* (renversement de la direction des courants nerveux volontaires par leur intériorisation). Ces pratiques rendent l'homme capable de satisfaire son cœur par la jouissance des objets des sens, ce à quoi a été destinée *Garhasthyasrama*, la vie de famille.

Valeur du *Pranayama*. Chaque fois qu'il le veut, l'homme peut mettre en action son système nerveux volontaire et, quand celui-ci est fatigué, le mettre au repos. Quand tous ses nerfs volontaires ont besoin de repos, l'homme dort d'un sommeil naturel. Ces nerfs, une fois revigorés par le sommeil, peuvent fonctionner à nouveau dans toute leur fraîcheur.

Mais les nerfs involontaires de l'homme fonctionnent continuellement depuis la naissance, indépendamment de sa volonté. Comme il n'a aucune maîtrise sur eux, il ne peut intervenir en aucune manière sur leur action. Quand ces nerfs sont fatigués, ils veulent eux aussi se reposer et, par conséquent, ils succombent au sommeil. Ce sommeil des nerfs involontaires s'appelle *Mahanidra*, le grand sommeil ou mort. Quand la mort s'installe, la circulation, la respiration et toutes les autres fonctions vitales s'arrêtent et le corps physique commence naturellement à se décomposer. Après un certain temps, quand se termine ce grand sommeil *Mahanidra*, l'homme se réveille avec tous ses désirs et il renaît dans un nouveau corps physique, où il pourra satisfaire toutes ses aspirations. C'est ainsi que l'homme s'enchaîne à la vie et à la mort et ne parvient pas à trouver le salut définitif.

Maîtrise de la mort. Mais si l'homme arrive à maîtriser ses nerfs involontaires par la pratique du *Pranayama* mentionné ci-dessus, il peut arrêter la décomposition naturelle de son corps physique et mettre les nerfs involontaires (du cœur, des poumons et des autres organes vitaux) périodiquement au repos. Un tel repos, obtenu par le *Pranayama*, revigore les nerfs involontaires qui peuvent alors fonctionner avec un renouveau de vitalité.

Après le sommeil, quand les nerfs volontaires ont pris leur repos, l'homme n'a pas besoin d'aide pour se réveiller naturellement. Il en est de même, après la mort, quand l'homme a goûté un repos complet : il s'éveille naturellement à la vie terrestre dans un corps

nouveau. Si l'homme peut « mourir » chaque jour con-
sciemment par la pratique du *Pranayama*, c'est-à-dire
mettre au repos tout son système nerveux, volontaire
comme involontaire, son corps physique tout entier
fonctionnera avec une grande vigueur.

Le yogi qui persévère dans sa pratique du *Pranayama* finit par maîtriser la vie et la mort. De cette façon,
il prévient la décrépitude prématurée qui atteint le
corps de la plupart des hommes. Il peut ainsi rester
dans sa présente forme physique aussi longtemps qu'il
le désire. Il a alors le temps de se libérer de son karma
en un seul corps, de satisfaire tous les désirs variés de
son cœur et ainsi de s'en débarrasser. Sa purification
terminée, il n'est plus obligé de revenir dans ce monde,
sous l'influence de *Maya,* les Ténèbres, ou de souffrir
de « seconde mort ». Voir *I Corinthiens* 15:31 et *Apocalypse* 2:10,11.

> « J'atteste, par notre joie que j'ai en la Conscience du
> Christ, je meurs chaque jour. » — Saint Paul.

> « Sois fidèle, jusqu'à la mort, et je te donnerai la couronne
> de vie... »

> « Celui qui vaincra n'aura pas à souffrir de seconde mort. »

Nécessité du *Pratyahara*. L'homme goûte un plaisir
quand il en a envie. Toutefois, si au moment où il le
goûte, il dirige ses organes des sens, par lesquels lui
vient ce plaisir, vers l'objet de son désir, il ne peut jamais
en être satisfait, car son désir double d'intensité. Si, au
contraire, il est capable de diriger intérieurement, vers
son Soi, ses organes des sens, il peut, à ce moment-là,
satisfaire immédiatement [les désirs de] son cœur. Ainsi
la pratique du *Pratyahara* mentionné plus haut, en ren-
versant — par intériorisation — la direction des courants nerveux volontaires, est un moyen désirable de

satisfaire tous ses désirs terrestres. Sinon, on doit se réincarner maintes et maintes fois, afin de s'en libérer complètement.

Nécessité de *l'Asana*. L'homme ne peut pas sentir ou même penser convenablement, quand il n'est pas de bonne humeur. Les différentes parties du corps humain sont arrangées avec tant d'harmonie que même si l'on a un peu mal à la plus minuscule d'entre elles, l'organisme tout entier en est incommodé. Ainsi, pour comprendre une chose, c'est-à-dire pour bien la ressentir dans son cœur, on doit pratiquer *l'Asana* mentionné plus haut, ou posture immobile et agréable.

SUTRAS 19 – 22

चित्तप्रसादे सति सर्वभावोदयः स्मृतिः । १९ ।
तदेवार्थमात्रनिर्भासं स्वरूपशून्यमिव समाधिः । २० ।
ततः संयमस्तस्मात् ब्रह्मप्रकाशकप्रणवशब्दानुभवः । २१ ।
तस्मिन्नात्मनो योगो भक्तियोगस्तदा दिव्यत्वम् । २२ ।

Smriti, la vraie conception, conduit à la connaissance de toute la création.

Samadhi, la vraie concentration, rend capable d'abandonner son individualité pour l'universalité.

Ainsi apparaît *Samyama* (« contrainte » ou maîtrise du soi égoïste), par lequel on fait l'expérience de la vibration de *l'Aum*, révélatrice de Dieu.

Ainsi l'âme (est baptisée) dans le *Bhakti Yoga* (dévotion). C'est là l'état de Divinité.

Smriti, **la vraie conception.** L'homme, une fois versé dans les pratiques ci-dessus, devient capable de con-

cevoir ou de ressentir toutes les choses de cette création
par la voie de son cœur. Cette vraie conception s'appelle *Smriti*.

Samadhi, la vraie concentration. En fixant fermement
notre attention sur tout objet ainsi conçu et en s'iden-
tifiant autant avec lui que si l'on était dépourvu de
notre nature individuelle, on atteint l'état de *Samadhi*
ou vraie concentration.

Pranava Sabda, la parole de Dieu. Quand on dirige tous
ses organes des sens vers leur centre commun, le sensorium ou *Sushumnadwara*, la porte du monde intérieur,
on perçoit son corps lumineux envoyé de Dieu, *Radha*
ou Jean-Baptiste, et on entend le son particulier qui
« frappe », *Pranava Sabda*, la parole de Dieu. Voir *Jean*
1:6,7,23.

> « *Il y eut un homme envoyé de Dieu, dont le nom était
> Jean.* »

> « *Cet homme vint pour servir de témoin, pour rendre
> témoignage de la Lumière, afin que tous les hommes, par lui,
> puissent croire.* »

> « *Je suis la voix de celui qui crie dans le désert.* »

Samyama, la concentration du Soi. Quand l'homme a
cette perception, il croit naturellement à l'existence de
la vraie Lumière Spirituelle. Il retire son soi du monde
extérieur et il se concentre sur le sensorium. Cette concentration du Soi s'appelle *Samyama*.

**Bhakti Yoga ou baptême, la seconde naissance de
l'homme.** Par ce *Samyama* ou concentration du Soi sur
le sensorium, on s'absorbe dans le courant sacré du Son
Divin et l'on est baptisé par lui. Ce baptême s'appelle
Bhakti Yoga. Dans cet état [de *Samyama*], on se repent,
c'est-à-dire on tourne le dos à cette création physique
des Ténèbres, *Maya*. On retrouve sa Divinité, le Père

Éternel, [état de conscience] duquel on est tombé. On traverse le sensorium, la porte, et on entre dans la sphère intérieure, *Bhuvarloka*. Cette entrée dans le monde intérieur est la seconde naissance de l'homme. On devient alors *Devata*, un être divin.

SUTRA 23

मूढविक्षिप्तक्षिप्तैकाग्रनिरुद्धाश्चित्तभेदास्ततो
जात्यन्तरपरिणामः ।२३ ।

La traduction de ce sutra est la même que le commentaire qui suit.

Les cinq états du cœur humain. Il y a cinq états du cœur humain : obscur, animé, constant, consacré et pur. Ces cinq états du cœur permettent de classer les hommes et de déterminer leur état d'évolution.

SUTRA 24

मूढचित्तस्य विपर्यवृत्तिवशाद् जीवस्य शूद्रत्वम्, तदा ब्रह्मणः
कलामात्रेन्द्रियग्राह्यस्थूलविषयप्रकाशात् कलिः । २४ ।

Dans l'état obscur du cœur, l'homme abrite des conceptions erronées (à propos de tout). Cet état est le résultat *d'Avidya*, l'Ignorance, et il produit des *Sudra* (hommes de la caste la plus basse). Ils ne peuvent saisir que les idées du monde physique. Cet état d'esprit prédomine dans le *Kali Yuga*, l'Âge obscur d'un cycle.

Le cœur obscur. Dans l'état obscur du cœur, l'homme

a des conceptions erronées. Il pense que la partie dense
ou physique de la création est la seule substance réelle
qui existe et qu'il n'y a rien de plus. Mais ceci est contraire à la vérité, comme on l'a expliqué précédem-
ment. Ce n'est que l'effet de l'Ignorance, *Avidya.*

***Sudra* ou classe des serviteurs.** Dans cet état, l'homme
s'appelle *Sudra,* qui appartient à la classe des serviteurs,
parce que son devoir naturel est de servir les gens des
classes supérieures, afin d'obtenir leur compagnie et de
préparer ainsi son cœur à atteindre un état supérieur.

***Kali Yuga,* l'Âge obscur.** Cet état de l'homme s'appelle
Kali. Dans tout système solaire, chaque fois que l'homme en général reste à ce stade et que la possibilité
d'avancer au-delà ne lui est ordinairement pas accor-
dée, on dit que l'ensemble de ce système est dans le
Kali Yuga, l'Âge obscur.

SUTRAS 25 – 26

ब्रह्मणः प्रथमपादपूर्णत्वं द्वितीयसूक्ष्मविषयज्ञानाप्राप्तसन्धिकालं
        चित्तस्य विक्षेपस्तदा प्रमाणवृत्तिवशात् क्षत्रियत्वम् । २५ ।
    ततः सद्गुरुलाभो भक्तियोगश्च तदा लोकान्तरगमनम् । २६ ।

**Quand l'homme lutte pour être éclairé, il dépasse
le premier stade du plan de Brahma et entre dans l'état
naturel des *Kshatriya* (guerriers).**

**Propulsé par les forces évolutives, il se donne beau-
coup de peine pour connaître la vérité. Il cherche un
guru dont il apprécie les divins conseils. Le *Kshatriya*
se qualifie ainsi pour demeurer dans les mondes de
compréhension supérieure.**

Le cœur animé. Quand l'homme est un peu éclairé, il compare les expériences de la création physique qu'il a à l'état de veille avec les expériences qu'il a dans le sommeil. Il comprend que ces dernières sont simplement des idées et il se met alors à douter de l'existence substantielle des premières. Son cœur se sent donc poussé à connaître la nature réelle de l'univers. Luttant pour se débarrasser de ses doutes, il cherche des preuves pour établir ce qu'est la vérité.

Kshatriya, **la classe militaire.** L'homme à ce stade s'appelle *Kshatriya,* membre de la classe militaire. Lutter de la manière indiquée devient son devoir naturel. Il se peut, quand il accomplit ce devoir, qu'il ait une vision pénétrante sur la nature de la création, qui lui permette d'en atteindre la vraie connaissance.

Sandhisthala, **l'état de transition.** Cet état *Kshatriya* de l'homme s'appelle *Sandhisthala,* l'état de transition. À ce stade les hommes deviennent avides de vraie connaissance et ils ont besoin de s'entraider. C'est ainsi que l'amour mutuel, qui est de toute première nécessité pour atteindre le salut, apparaît dans leur cœur.

Stimulé par le dynamisme de cet amour, l'homme aime à rester en compagnie de ceux qui suppriment ses peines, le débarrassent de ses doutes et lui apportent la paix. Il se met à éviter tout ce qui produit des résultats opposés. Il étudie aussi d'un point de vue scientifique les écrits des divins personnages.

Quand l'homme trouve-t-il un *Sat-Guru,* **un Sauveur ?** L'homme devient alors capable d'apprécier ce qu'est la vraie foi. La véritable condition des divins personnages s'ouvre à sa compréhension dès qu'il a le bonheur de s'assurer la divine compagnie de l'un d'entre eux, qui a la bonté d'être pour lui son Précepteur Spirituel,

Sat-Guru, ou Sauveur. S'il en suit avec affection les saints préceptes, il apprend alors à concentrer son esprit, à diriger ses organes des sens vers leur centre commun, le sensorium, *Sushumnadwara,* la porte de la sphère intérieure. Là, il perçoit le corps lumineux de Jean–Baptiste ou *Radha.* Il entend le Son sacré (Amen, *Aum*) comme un courant ou comme un fleuve. S'imprégnant de lui et s'absorbant en lui, il est baptisé par lui. En s'acheminant ainsi vers sa Divinité, le Père Éternel, il traverse les différents *Lokas* ou sphères de la création.

SUTRA 27

भूर्भुवःस्वर्महर्जनस्तपः सत्यमिति सप्त लोकाः । २७ ।

Les mondes ou *Lokas* de la création sont au nombre de sept : *Bhu, Bhuvar, Swar, Mahar, Jana, Tapo* et *Satya.* (Cette terre et le « stade terrestre » de la conscience humaine s'apellent *Bhuloka*).

Les sept *Lokas.* Sur le chemin conduisant à la Divinité, il y a sept sphères ou stades de la création que les Sages orientaux désignent par les noms de *Swargas* ou de *Lokas* et qu'on a décrites au Chapitre 1, Sutra 13. Ce sont : *Bhuloka,* la sphère de la matière dense ; *Bhuvarloka,* la sphère des éléments subtils ou attributs électriques ; *Swarloka,* la sphère des pôles magnétiques et des auras ou électricités ; *Maharloka,* la sphère des aimants, les atomes ; *Janaloka,* la sphère des Reflets Spirituels, les Fils de Dieu ; *Tapoloka,* la sphère du Saint-Esprit, l'Esprit Universel ; et *Satyaloka* la sphère de Dieu, la Substance Éternelle, *Sat.*

Dans ces sept plans, les trois premiers *(Bhuloka, Bhuvarloka* et *Swarloka)* englobent la création matérielle, le royaume des Ténèbres, *Maya.* Les trois derniers *(Janaloka, Tapoloka* et *Satyaloka)* englobent la création spirituelle, le royaume de la Lumière. Comme *Maharloka,* ou sphère de l'Atome, est entre les deux, on dit que c'est la « porte » de communication entre la création matérielle et la création spirituelle. Aussi on l'appelle *Dasamadwara,* la dixième porte, ou encore *Brahmarandra,* la voie menant à la Divinité.

SUTRA 28

भुवर्लोके ब्रह्मणः द्वितीयपादसूक्ष्मान्तर्जगत्प्रकाशाद् द्वापरः, जीवस्य
द्विजत्वञ्च, तदा चित्तस्य क्षिप्तत्वात्तस्य वृत्तिर्विकल्पः । २८ ।

En entrant dans *Bhuvarloka* (« air » ou « monde du devenir ») l'homme devient un *Dwija,* un « deux-fois né ». Il saisit la seconde partie de la création matérielle, celle des forces éthérées, subtiles. Cet état d'esprit prédomine dans le *Dwapara Yuga.*

Dwija, **le deux-fois né.** Quand l'homme, baptisé par le son de *l'Aum,* commence à se repentir et à retourner vers le Père Éternel et que, retirant son soi du monde de la matière dense, *Bhuloka,* il entre dans le monde de la matière subtile, *Bhuvarloka,* on dit qu'il appartient à la classe des *Dwija* ou des deux-fois nés.

L'homme à ce stade comprend ses électricités internes, la seconde partie ou partie subtile de la création matérielle. Il comprend que l'existence de ce qui lui est extérieur n'est en substance que la fusion ou l'union, opérée par son esprit et sa conscience, des objets de ses sens internes ou subtils (les attributs négatifs des électricités) avec ses cinq organes des sens (les attributs positifs) grâce à ses cinq organes d'action (les attributs neutralisants de ces électricités).

Le cœur constant. Cet état de l'homme s'appelle *Dwapara.* Quand il devient l'état naturel général de l'homme dans tout un système solaire, on dit que l'ensemble de ce système est dans le *Dwapara Yuga.* Dans l'état *Dwapara,* le cœur devient constant.

Si l'on continue à s'immerger dans le courant sacré, à être baptisé par celui-ci, on arrive peu à peu à un état agréable dans lequel le cœur abandonne complètement les idées du monde extérieur et se dévoue entièrement au monde intérieur.

SUTRA 29

स्वर्गे चित्तस्थैकाग्रतया वृत्तिः स्मृतिस्ततः
ब्रह्मणस्तृतीयपाद जगत्कारणप्रकृतिज्ञानवशात्
व्रंता. तदा विप्रत्वं जीवस्य । २९ ।

Dans le *Swarloka* (« les cieux ») l'homme se qualifie pour comprendre les mystères de *Chitta,* la troisième partie ou partie magnétique de la création matérielle. Il devient un *Vipra* (être presque parfait). Cet état d'esprit prédomine dans le *Treta Yuga.*

Le cœur consacré. Dans cet état de consécration, l'homme retirant son soi de *Bhuvarloka* le monde des attributs électriques, arrive à *Swarloka,* le monde des attributs magnétiques, électricités et pôles. Il devient alors capable de comprendre *Chitta,* le Cœur, la troi

sième partie ou partie magnétique de la création. Ce
Chitta, comme on l'a expliqué au Chapitre I, est l'A-
tome spiritualisé, *Avidya* ou l'Ignorance. Comme il fait
partie des Ténèbres, *Maya,* l'homme, en le comprenant,
devient capable de comprendre l'ensemble des Ténèbres, *Maya* elle-même. L'homme comprenant alors la
création toute entière, on dit qu'il appartient à la classe
des *Vipra* ou classe des êtres presque parfaits. Cet état
de l'être humain s'appelle *Treta.* Quand il devient l'état
naturel général de l'homme dans tout un système
solaire, on dit que l'ensemble de ce système est dans le
Treta Yuga.

SUTRA 30

महलोकं चित्तस्य निरुद्धत्वात्तस्य वृत्तिर्निद्रा
ततः सर्वविकाराभावे ब्रह्मवत् स्वात्मानुभवात्
ब्रह्मणत्वन्तदाब्रह्मणस्तुरीयांशसत्पदार्थप्रकाशात् सत्यम् । ३० ।

**Par le vrai repentir, l'homme atteint *Maharloka* (le
« Grand Monde »). N'étant plus soumis désormais à
l'influence de l'Ignorance *(Maya),* il atteint un cœur
pur. Il entre dans la caste naturelle des *Brahmana*
(« qui connaissent Brahma »). Cet état d'esprit prédomine dans le *Satya Yuga.***

Le cœur pur. L'homme, en continuant son ascension
vers Dieu, élève son Soi jusqu'à *Maharloka,* la région de
l'aimant, l'Atome. L'Ignorance se retirant de toutes ses
ramifications, le cœur de l'homme arrive à un état pur,
vide de toutes idées extérieures. L'homme devient ainsi
capable de comprendre la Lumière Spirituelle, *Brahma,*
la véritable Substance de l'univers, qui est la dernière
et éternelle partie spirituelle de la création. À ce stade,
l'homme s'appelle *Brahmana* ou membre de la classe

spirituelle. Cet état de l'être humain s'appelle *Satya*. Quand il devient l'état naturel général de l'homme dans tout un système solaire, on dit que l'ensemble de ce système est dans le *Satya Yuga*.

SUTRAS 31 – 32

तदपि सन्न्यासान् मायातीतजनलोकस्थं मुक्तसन्न्यासी
ततः चैतन्यप्रकटिततपोलोके आत्मनोऽर्पणात् सत्यलोकस्थं
कैवल्यम् । ३१·३२ ।

Quand l'homme ne reflète plus simplement la Lumière Spirituelle, mais qu'il la manifeste, il s'élève jusqu'à *Janaloka*, le Royaume de Dieu.

Il entre alors dans *Tapoloka*, la sphère de *Kutastha Chaitanya*.

Quand il abandonne la vaine idée de son existence séparée, il entre dans *Satyaloka*. C'est là qu'il atteint l'état final de la libération ou *Kaivalya*, l'union avec l'Esprit.

Quand le cœur se purifie de cette manière, il ne reflète plus, mais il manifeste la Lumière Spirituelle, le Fils de Dieu. Étant ainsi consacré ou oint par l'Esprit, il devient Christ, le Sauveur. C'est là le seul moyen par lequel l'homme, étant à nouveau baptisé par l'Esprit ou absorbé en Celui-ci, peut s'élever au-dessus de la création des Ténèbres et entrer dans *Janaloka*, le Royaume de Dieu ; c'est-à-dire la création de la Lumière. [Quand il atteint] cet état, l'homme s'appelle *Jivan-mukta Sannyasi*, comme le Seigneur Jésus de Nazareth. Voir *Jean* 3:5 et 14:6.

« En vérité, en vérité je te le dis, si un homme ne naît de l'eau et de l'Esprit, il ne peut pas entrer dans le royaume de Dieu. »

« Jésus lui dit : Je suis le chemin, la vérité et la vie. Nul ne vient au Père, que par moi. »

À ce stade [de développement], l'homme comprend qu'il n'est lui-même qu'une idée éphémère reposant sur un fragment de l'Esprit-Saint universel de Dieu, le Père Éternel. Comprenant, en outre, ce en quoi consiste la vraie adoration, il sacrifie son soi à ce Saint-Esprit, qui est l'autel de Dieu. Autrement dit, il abandonne la vaine idée de son existence séparée et il « meurt » ou se dissout dans l'Esprit-Saint universel. C'est ainsi qu'il atteint *Tapoloka,* la région du Saint-Esprit.

En devenant ainsi un avec l'Esprit-Saint universel de Dieu, l'homme s'unit avec le Père Éternel Lui-Même. Il arrive donc à *Satyaloka,* où il comprend que toute cette création n'est, en substance, qu'un simple jeu d'idées sur sa propre nature et que rien n'existe dans cet univers en dehors de son propre Soi. Cet état d'union s'appelle *Kaivalya,* le Seul Soi. Voir *Apocalypse* 14:13 et *Jean* 16:28.

« Heureux dès à présent les morts qui meurent dans le Seigneur ! »

« Je suis sorti du Père et je suis venu dans le monde. Maintenant, je quitte le monde et je vais au Père. »

CHAPITRE IV

विभूतिः LA RÉVÉLATION

SUTRAS 1 – 3

सहजद्रव्यतपोमन्त्रैः देहत्रयशुद्धिस्ततः सिद्धिः । १ ।
सद्गुरुकृपया सा लभ्या । २ ।
सहजद्रव्येण स्थूलस्य तपसा सूक्ष्मस्य मन्त्रेण
कारणदेहचित्तस्य च शुद्धिः । ३ ।

**On devient adepte quand on purifie ses trois corps.
On peut le devenir aussi par la grâce du guru.**

**La purification s'obtient par la Nature, par la péni-
tence et par les *mantras*.**

**La purification de la matière dense (le corps phy-
sique) se fait par la Nature. La purification de la matière subtile (le corps subtil) se fait par la pénitence.
Et la purification de l'esprit se fait par les *mantras*.**

C'est en purifiant le corps sous tous ses rapports
qu'on devient un adepte. La purification du corps physique peut se faire par ce que la Nature lui fait pro-
duire ; celle du corps électrique, par la patience en
toutes circonstances ; et celle du corps magnétique
(चित्त *Chitta*, l'Atome spiritualisé, le Cœur), par la
régulation du souffle grâce aux *mantras,* les purifica-
teurs de l'esprit (मनः त्रायत इति मन्त्रः). On peut ap-
prendre comment réaliser ces purifications [en s'as-

seyant] aux pieds de personnages divins qui sont
témoins de la Lumière et apportent le témoignage de
la Conscience Christique.

SUTRAS 4 – 5

साधनप्रभावेण प्रणवशब्दाविर्भावस्तदेव मन्त्रचैतन्यम् । ४ ।
देशभेदे तस्य भेदात् मन्त्रभेदः साधकेषु । ५ ।

**Par l'effet sacré des *mantras*, le *Pranava* ou son de
l'Aum devient audible.**

**On entend ce son sacré de différentes manières,
en fonction de son stade de développement.**

En cultivant la régulation du souffle, selon les
directives du Précepteur Spirituel *(Sat-Guru)*, la Parole
sacrée *(प्रणव, शब्द Pranava* ou *Sabda)* apparaît spontanément et devient audible. Quand ce *mantra* (Parole,
Pranava) apparaît, la respiration devient régulière et ar-
rête la décrépitude du corps physique.

Ce *Pranava* apparaît sous des formes différentes
aux différents stades d'avancement. Cela dépend de
l'état de purification du cœur *(Chitta)*.

SUTRA 6

श्रद्धायुक्तस्य सद्गुरुलाभस्ततः प्रवृत्तिस्तदैव
प्रवर्त्तकावस्था जीवस्य । ६ ।

**C'est en cultivant l'amour naturel du cœur qu'on
obtient de se faire guider par un guru. On commence
alors sa *sadhana* (sentier de discipline spirituelle) et
l'on devient un *Pravartaka*, un initié.**

On a déjà expliqué ce qu'est le *Sat-Guru* et comment on demeure en sa compagnie. Quand on est doté de l'amour pur, don céleste, on devient naturellement disposé à éviter la compagnie de ce qui est *Asat* et à rechercher celle de ce que l'on a décrit comme étant *Sat*. En gardant avec affection la compagnie de *Sat,* on peut avoir la bonne fortune de plaire à quelqu'un qui a la bonté d'être notre *Sat-Guru* ou Précepteur Spirituel. Quand on demeure en sa divine compagnie, on voit grandir en son cœur de disciple le désir *(Pravritti)* de ne plus être enchaîné à la création des Ténèbres *(Maya)*. On devient alors un *Pravartaka,* un initié dans les pratiques de *Yama* et de *Niyama* — les abstentions et les observances ascétiques nécessaires à l'obtention du salut.

SUTRA 7

यमनियमसाधनेन पशुत्वनाशस्ततः वीरत्वमासनादिसाधनं
योग्यता च तदैव साधकावस्था प्रवर्त्तकस्य । ७ ।

Par la pratique de *Yama* et de *Niyama*, les huit vilenies du cœur humain disparaissent et la vertu apparaît. On devient alors un *Sadhaka*, un véritable disciple, un disciple qualifié pour atteindre le salut.

Il est bon de se rappeler que c'est en cultivant *Yama* et *Niyama* que les huit vilenies disparaissent du cœur humain et que la grandeur d'âme s'y installe. C'est à ce stade que l'on se qualifie pour pratiquer la posture ascétique et les autres procédés indiqués par le *Sat-Guru* pour atteindre le salut. Quand on ne cesse de pratiquer les méthodes indiquées par le *Sat-Guru,* on devient un *Sadhaka,* un disciple.

SUTRA 8

ततः भावोदयात् दिव्यत्वं तस्मिन् समाहिते दैववाणी
प्रणवानुभवस्तदैव सिद्धावस्था साधकस्य । ८ ।

**La piété augmentant, on entend le son sacré de
l'Aum et l'on devient un *Siddha*, un divin personnage.**

En se reportant au Chapitre III, on verra les différents stades par lesquels passe le disciple et qui le rendent capable de concevoir en son cœur les différents
objets de la création. On verra les [différents] stades
de méditation qu'il traverse au cours de son développement progressif et comment il finit, en concentrant
son attention sur le sensorium, par percevoir le son particulier [de *l'Aum*], *Pranava,* ou *Sabda,* le Son sacré. Son
cœur devenant alors divin et le Moi *(Ahamkara)* ou fils
de l'homme s'immergeant ou étant baptisé dans le
courant de ce Son, le disciple devient un *Siddha,* un
adepte, un divin personnage.

SUTRA 9

ततसंयमात् सप्तपातालदर्शनम् ऋषिसप्तकस्य चाविर्भावः । ६ ।

**On perçoit alors la manifestation de l'Esprit et on
traverse les sept *Patalas* ou *Lokas* (Centres de l'axe spinal), où l'on contemple les sept *rishis*.**

Dans l'état de baptême (*Bhakti Yoga,* ou *Surat Sabda
Yoga,* absorption du Moi dans le Son sacré), l'homme
se repent. Retirant son soi du monde extérieur ou monde de la matière dense, *Bhuloka,* il entre dans celui de

la matière subtile, le *Bhuvarloka*. Là, il perçoit la manifestation de l'Esprit, la véritable Lumière, comme sept étoiles dans sept centres ou endroits de brillante lumière astrale, que l'on a comparés à sept chandeliers d'or. Ces étoiles, étant la manifestation de la vraie Lumière, l'Esprit, s'appellent anges ou *rishis*. Elles apparaissent l'une après l'autre dans la main droite du fils de l'homme, c'est-à-dire dans le droit chemin conduisant à la Divinité.

Les sept chandeliers d'or sont les sept endroits brillants du corps dans lesquels se manifeste l'Esprit. Bien connus, ce sont le cerveau, *sahasrara*, le bulbe rachidien, *ajna chakra*, et les cinq centres de l'axe spinal : cervical, *visuddha* ; dorsal, *anahata* ; lombaire, *manipura* ; sacré, *swadhisthana* ; et coccygien, *muladhara*. C'est la traversée de ces sept centres ou églises qui permet au Moi ou fils de l'homme de se diriger vers la Divinité. Voir *Apocalypse* 1:12,13,16,20 et 2:1.

> « *Et, après m'être retourné, je vis sept chandeliers d'or et, au milieu des sept chandeliers, quelqu'un qui ressemblait au fils de l'homme... Il avait dans sa main droite sept étoiles.* »

> « *[Voici] le mystère des sept étoiles que tu as vues dans ma main droite, et celui des sept chandeliers d'or. Les sept étoiles sont les anges de mes sept Églises, et les sept chandeliers sont les sept Églises.* »

> « *Voici ce que dit celui qui tient les sept étoiles dans sa main droite, celui qui marche au milieu des sept chandeliers d'or.* »

En cet état de baptême *(Bhakti Yoga* ou *Surat Sabda Yoga)* le Moi, *Surat*, le fils de l'homme, traverse progressivement les sept endroits mentionnés ci-dessus et il en acquiert la connaissance. Quand il a fini de les traverser, il comprend la vraie nature de l'univers. Retirant son soi de *Bhuvarloka*, la création matérielle subtile, il

entre dans *Swarloka,* la source de toutes matières, subtiles et denses. Là, autour de son Cœur, l'Atome, le
trône de l'Esprit-Créateur, [il perçoit] la forme astrale
lumineuse qui, avec ses cinq électricités et ses deux
pôles, l'Esprit et l'Intelligence, ressemble aux sept différentes couleurs de l'arc-en-ciel. Dans cette sphère des
électricités, de l'esprit et de l'intelligence, source de
tous les objets des sens et des organes permettant de
jouir de ces objets, on devient parfaitement satisfait. En
effet, étant en possession de tous les objets de ses désirs,
on en acquiert la connaissance complète. Voilà pourquoi cette forme astrale avec ses sept parties, ses [cinq]
électricités et ses [deux] pôles, a été décrite comme une
cassette scellée de connaissance, un livre aux sept
sceaux. Voir *Apocalypse* 4:3 et 5:1.

> « *Et il y avait un arc-en-ciel autour du trône.* »

> « *Et je vis dans la main droite de celui qui était assis sur
> le trône un livre écrit en dedans et en dehors, scellé de sept
> sceaux.* »

SUTRA 10

तदा ज्ञानशक्तियोगक्रमात्
सप्तस्वर्गाधिकारस्ततश्चतुर्मनूनामाविर्भावः । १० ।

**On obtient alors, par la connaissance et par le pou-
voir du yoga, la suprématie sur les sept *Swargas* (cieux).
On atteint le salut par la dissolution des quatre idées
originelles, les « quatre *manus* » ou pensées premières
qui donnèrent naissance à la création.**

Ayant traversé le *Swarloka,* le fils de l'homme arrive
à *Maharloka,* le lieu de l'Aimant (l'Atome) et de ses qua-

tre composantes, les idées de manifestation (Parole), de Temps, d'Espace et de Particule (Atome). Comme on l'a expliqué au Chapitre I, ce *Maharloka* représente *Avidya,* l'Ignorance, qui produit l'idée d'existence séparée du soi et qui est la source du Moi, le fils de l'homme. L'homme *(*मानव*, manava),* étant ainsi le fruit de l'Ignorance et l'Ignorance étant représentée par les quatre idées mentionnées ci-dessus, ces idées s'appellent les quatre *manus* (मन् + ध्ण = मानव), les origines ou sources de l'homme.

SUTRA 11

ततः भूतजयाद्णिमाद्यैश्वर्यस्याविर्भावः । ११ ।

En étant ainsi victorieux sur les pouvoirs des Ténèbres et de l'Ignorance, l'homme s'unit à Dieu.

Maharloka, l'endroit de l'Aimant (l'Atome), est le *Brahmarandhra* ou le *Dasamadwara,* la porte entre les deux créations, matérielle et spirituelle. Quand le Moi, le fils de l'homme, arrive à cette porte, il comprend la Lumière Spirituelle et il y est baptisé. En traversant cette porte, il s'élève au-dessus de la création-idée des Ténèbres, *Maya.* Il entre alors dans le monde spirituel, il reçoit la Lumière véritable et il devient Fils de Dieu. Ainsi l'homme, étant Fils de Dieu, triomphe de tous ses assujettissements aux Ténèbres, *Maya,* et devient possesseur de tous les *Aiswaryas,* majestés ascétiques. Ces *Aiswaryas* sont au nombre de huit :

1. *Anima,* le pouvoir de rendre son corps ou tout autre chose aussi petit qu'on le désire, même aussi petit

qu'un atome *(anu).*

2. *Mahima,* le pouvoir de rendre son corps ou tout autre chose *mahat,* aussi grand qu'on le désire.

3. *Laghima,* le pouvoir de rendre son corps ou tout autre chose *laghu,* aussi léger qu'on le désire.

4. *Garima,* le pouvoir de rendre son corps ou tout autre chose *guru,* aussi lourd qu'on le désire.

5. *Prapti,* le pouvoir de *apti,* d'obtenir tout ce qu'on désire.

6. *Vasitwa,* le pouvoir de *vasa,* d'avoir la maîtrise de tout.

7. *Prakamya,* le pouvoir de satisfaire tous les désirs *kama,* par la force irrésistible de la volonté.

8. *Isitwa,* le pouvoir de devenir *Isa,* Seigneur, sur tout. Voir *Jean* 14:12.

> « *En vérité, en vérité, je vous le dis, celui qui croit en moi fera les œuvres que je fais, et il en fera de plus grandes, parce que je m'en vais à mon Père.* »

SUTRA 12

ततः सृष्टिस्थितिप्रलयज्ञानात् सर्वनिवृत्तिः ।
तदा मायातिक्रमे आत्मनः परमात्मनि दर्शनात् कैवल्यम् । १२ ।

La connaissance de l'évolution, de la vie et de la dissolution conduit ainsi l'homme à s'émanciper complètement des chaînes de *Maya,* l'illusion cosmique. Contemplant le soi dans le Suprême Soi, il obtient la liberté éternelle.

Étant ainsi en possession des *Aiswaryas,* les majestés ascétiques ci-dessus mentionnées, l'homme com-

prend entièrement que l'Esprit Éternel, le Père, la
seule Substance véritable, est l'Unité, le Tout Parfait, et
que son Soi n'est qu'une simple idée reposant sur un
fragment de cette Lumière Spirituelle. Quand il comprend cela, l'homme abandonne complètement l'idée
vaine de l'existence séparée de son propre Soi. Il s'unit
alors à Lui, l'Esprit Éternel, Dieu le Père. Cette union
avec Dieu est *Kaivalya*, le but final de l'homme, comme
on l'a expliqué dans ce traité. Voir *Apocalypse* 3:21.

 « *Celui qui vaincra, je le ferai asseoir avec moi sur mon
trône, comme moi, j'ai aussi vaincu et me suis assis avec mon
Père sur Son trône.* »

CONCLUSION

« L'amour régit le camp, le bosquet, et la cour,
Les saints au Paradis et les hommes ici-bas,
Car l'amour est céleste et le Ciel est Amour. »

Dans cette strophe, le poète a magnifiquement décrit le pouvoir de l'amour.[1] Ainsi qu'on l'a clairement démontré dans les pages précédentes « l'Amour est Dieu », non seulement comme le plus noble sentiment du poète, mais aussi comme l'expression d'une vérité éternelle. Quelle que soit la religion à laquelle on appartienne et quelle que soit notre position dans la société, si l'on cultive comme il faut ce principe directeur, que la Nature a implanté dans notre cœur, on peut être certain qu'on est sur le droit chemin et qu'on ne se perdra pas dans cette création des Ténèbres, *Maya*.

On a vu dans les pages précédentes comment cet amour peut se cultiver, comment, en le cultivant, il se développe, et comment, lorsqu'il est développé, il constitue l'unique moyen par lequel on trouve son Précepteur Spirituel. Grâce à celui-ci, on peut être baptisé dans le courant sacré et sur l'autel de Dieu, sacrifier son Soi pour s'unir pour toujours avec le Père Éternel.

On conclura donc ce petit livre en exhortant sincèrement le lecteur à ne jamais oublier ce grand but de la vie. Selon les paroles d'un grand sage illuminé, Sankaracharya :

---

[1] « Lai du dernier ménestrel » par Sir Walter Scott (deuxième strophe, troisième chant).

"नलिनीदलगतजलमतितरलं तद्वज्जीवनमतिशयचपलम् ।
क्षणमिह सज्जनसङ्गतिरेका भवति भवार्णवतरणे नौका ॥"

[« La vie est toujours dangereuse et instable, comme une goutte d'eau sur une feuille de lotus. La compagnie d'un divin personnage, même pour un instant, peut nous en sauver et nous racheter. »]

AUTOBIOGRAPHIE D'UN YOGI
par PARAMAHANSA YOGANANDA

Préface du Dr Evans Wentz
(docteur ès Lettres, docteur ès Sciences)
« LIVRE QUI ÉVEILLE DES MILLIERS »

C'est là la première fois qu'un yogi hindou authentique écrit l'histoire de sa vie pour un public occidental. En décrivant de façon vivante et circonstanciée les nombreuses années de sa formation spirituelle avec Sri Yukteswar, maître de stature christique, l'auteur fait découvrir un aspect fascinant, quoique peu connu, de l'Inde moderne.

Yogananda fut le premier grand maître de l'Inde à vivre en Occident pendant de longues années (plus de trente ans). Par dizaines de milliers, il initia ses élèves au yoga (techniques scientifiques pour éveiller l'homme à la conscience de Dieu). Avec clarté et précision, il explique dans ce livre les lois subtiles, mais bien définies, qui permettent aux yogis d'accomplir des miracles et d'atteindre à la maîtrise de soi.

Yogananda, licencié de l'Université de Calcutta, écrit avec une sincérité inoubliable et un sens aigu de l'humour.

« Ce livre est sans contredit supérieur à tout ce que les auteurs et journalistes occidentaux ont écrit sur le sujet. » — *Jean Herbert*

« Nouveau, vrai, et beau ; un livre remarquable. Les pensées d'un yogi de haute culture ... qui sait rendre vivant le message du yoga, ouvrant ainsi la voie à tous ceux qui désirent la suivre ... Très humain et d'une grande élévation de pensée. » — *Dr Francis Rolt-Wheeler*

« Son autobiographie vous fait entrer dans un monde riche en spiritualité. Vous ne le regretterez pas. » — *United Press*

Imprimé en dix-neuf langues